贝尔托·布莱希特

BERTOLT BRECHT

Der gute Mensch von SezuanDer gute Mensch von SezuanDer gute Mensch von Se
zuanDer gute Mensch von Sezuan

德语经典文学手绘插画本

四川好人

【德】贝尔托·布莱希特 著

王正浩 汪春花 译

杨舒蕙 绘

光明日报出版社

序一
Vorwort

文学的载体是文字，但它同时又是超越文字物理符号本身的存在。这是独立于“意”而存在的“质”。文字的集合不仅仅具有理性的逻辑延展结构，也是万千直觉的汇聚之地。若将每个字词都赋予字面以外的感情，那一句话、一段文必将是各种矛盾与协律相互较量、相互吞噬的结果。最终传达到我们脑中的这句话或这段文，究竟该如何理解，并无如数学般的精密答案。也正由于这种不确定性，为所有读者打开了一扇独属于精神的自由之门。

文学的自由，是创作的自由，也是脱离于形而下之实际的自由；而文学，又往往是历时且经典的。当下的言语无法被判定为文学，而当我们看到文字的时候，它一定产生于已经过去的某个时刻。无论题材、内容为何，文学一定首先是一种回忆。而这种回忆，追溯到作者，也追溯到读者本身。通过文本，我们获得了超越于文字的“意”的理解，后转而对其“质”的更为深入的思考。这种思考对于人自身往往具有启示作用。著名的小说家奥尔罕•帕慕克曾经说过：“我在年轻的时候阅读小说时，有时内心会出现一片宽广、深远而又宁静的景观，有时光线暗淡下去，黑白分明并且相互分离，各种阴影在其中涌动。有时候，我惊诧地感到整个世界沉浸在一种迥然不同的光芒之中。有的时候，余晖普照，含摄一切，整个宇宙化为唯一的情绪和唯一的样式。我知道，我爱上了这种感觉，我在书中追求的正是这种特别的氛围。”

当杨舒蕙和朱笑宇邀请我为这套经典德语文学手绘插画本丛书作序时，我回忆起旧时在德国阅读这些文学作品时的场景……现在已然风过云迁，重新接触到这些作品，也算是一种缘分。我细细品读了这套“德语经典文学手绘插画本”，又重拾起一些淡忘的心绪，别是一番滋味。卡夫卡、施托姆、茨威格、布莱希特、荷尔德林，这些大师们分别在文学的不同领域以不同的形式追问人生的意义，探索人生的自由，这确实能够与我们心内的“质”相互呼应，无论时空如何变化。

愿这套丛书也为正在读这本书的你，带来自由。

王小慧

2013年11月 上海

序二
Vorwort

通常来讲，艺术家主要分为两大类：一类是“直觉性”的艺术家，他们以自己的直觉式的感觉与认知，以艺术的形式预示个体生命过程中的自我判断；另一类则被称作“理性式”的艺术家，他们以自身对文化与艺术的深刻的思辨形式意义上的解读与体悟，来判断自己的创作方向与创作形式。

但作为一个优秀的插图艺术家，则需要兼备以上两种特质。

任何文学创作，除了常规意义上的文学性与实用性价值外，更为重要的一点是：它们往往试图完整诠释作者本人对人生现状的想象与理解，是一种体察事物表象后的自我意识解读，具有“秉烛照亮新的思想境界”。由此，深入理解作者的社会情境中的生存方式、生活态度，以及由此产生的自我认识，是思索其文学精神性的重要手段。只有如此，才可能将这种精神性的内涵转换为艺术上的视觉符号。

文字是通过书写传达自我认识，而艺术则通过视觉符号来表现内心的情感，认识与情感二者构成某种互辅的平行互动关系，它们各自独立在共同的空间中，一起“合谋地”力透作者的观念与思想。在杨舒蕙的插图作品中，我们感受到了她游刃在文学中的自傲与语言的痴迷；与此相悖，在绘画上，她毫不犹豫地将文学狂欢抛弃，继以瓦解、刻画来彻底拆解作者笔下的人物。故我们在全套丛书的插图作品中，看到了作者根据不同的观念塑造的不同作品风格与不同艺术表现手法。例如为卡夫卡的《变形记》一书所作的32幅插图，均以强烈的表现主义风格示人。其大胆、强烈、充满个性，将卡夫卡敏感细腻、自我放逐的、与世界隔膜疏离的，同时也是自恋的个人特质以浓烈的表现方式，通过线条、颜色与构图来表达和文字表现本身同步的但却有异样的体验。

与此同时，此套丛书的另一位插画作者朱笑宇，她为荷尔德林《当我还是少年时》所画的全部插图充满了古典、含蓄和诗意的气质。透过这些象征主义式的作品，我们可以看到一种由艺术家的内心与原著文意互生的过程——时而融合，时而飘逸，时而拒绝。画家笔下的形与物是内心的暗涌，但缓缓层染，我们从中看到了栩栩如生的人与景，但它们却游离甚至隐蔽在现实与过去的悬念中。因此，她的绘画是诗性的飘逸与忧伤。海德格尔说过“思即诗，诗能传达形而上学所不知”，在我看来，这个不知即是艺术的不确定性。

在拉丁文的字义中，“illustrare”的原意除了具有烘托、渲染的意义之外，还有“照亮”的意思。在我看来，这套丛书插图的意义在于不仅用视觉艺术将原著中所有看不尽的渊薮之处“照亮”，同时也重新照亮了读者在日常生活的庸常中所渐渐迷失的性与灵，点燃了他们回归自我存在的自信与浪漫。

王小松

2013年10月 杭州

目 录
Inhalt

四川好人

人物

卖水人老王
三位神仙
沈蒂/隋大
丢了饭碗的飞行员杨孙
杨孙的母亲杨夫人
寡妇邢太太
八口之家
木匠林度
女房东米芝
警察
地毯商老两口
老娼妓

地点

半欧化的四川省城

理发师舒福
和尚
失业者
堂倌
序幕中行人若干

画外音

各位看官，这儿可不就是我们正在说起的四川省城么？这座老城虽然已经欧化，不过，寻常百姓们还是照旧过着千百年不变的日子。大街上熙熙攘攘，好一派热闹的光景！大伙儿各做各的活，各跑各的路。咦？是哪间铺子在卖包子？这热腾腾的香气可是钻进了我的鼻子！

序幕

四川省城的一条街

傍晚时分。卖水人老王向观众做自我介绍。

老王 我是四川省城本地的卖水人。我这行当可真是辛苦啊。水少的时候，得跑大老远去挑水，水多的时候又没啥赚头。另外，我们省可真叫一个穷啊！这么说吧，只有大罗神仙们才能救我们了。我从一个四处走乡串户的牲口贩子那里听说，几位最大的神明已经在路上了，大概也会来四川吧，这真叫我有说不出的高兴。由于人们怨气很大，许多状子告到了天庭，天老爷那里想来也是非常不安。我在城门口这儿已经等了三天了，特别是在天快黑的时候，就为了能第一个迎接他们。我要是来晚一步，恐怕就没机会了，他们就会被那些位高权重的大爷们簇拥着，围个水泄不通。我要认得他们就好了！他们不大可能一起来。说不定他们一个个来呢，也好显得不那么招摇。那边不可能是他们，那是些收工的人。（**他打量着过路的工人们。他们的肩膀因为常背重东西已经被压得陷了下去。**）那儿的那个人也不可能是神仙，他手指上还沾着墨汁呢，顶多也就是水泥厂办公室的一个小职员。那边的几位先生（**两位先生走过**）也不是神仙，他们面相凶恶，特别像那些经常打架斗殴的人。神仙

画外音

我是个穷苦的卖水人，大伙儿都喊我『老王』。时下的光景里，卖水这活可着实是个苦差事哪，能填饱肚子都实属不易！话说，我在城门口溜达了三天三夜，就是为了瞧一瞧这仨神仙的真面目！

们才不会是这副德性的。可是那边那三位！他们看上去就气度不凡。他们心宽体胖，看不出一点儿疲惫的样子，鞋上还沾着尘土，一看就知道是赶远路来的。就是他们！“您只管吩咐吧，神明们！”（他伏倒在地上。）

神仙一　（高兴地）在这儿等我们吗？

老王　（请他们喝水）等了老久了，但是只有我晓得你们要来。

神仙一　那我们今晚需要找一个地方过夜，你能找到吗？

老王　找一个？多得数不过来呢！哦，神明们！整座城市都供您差遣。不知你们想住哪里呢？

〔神仙们互相望望，一切尽在不言中。

神仙一　那就最近的一家吧，我的孩子！先试试最近最近的一家！

老王　可是我有点担心，要是我照顾了某一个，就会招来其他有权势人的敌意。

神仙一　那我们就命令你：就问问最近的那一家！

老王　那边是傅老爷家！诸位稍等片刻！

〔他朝一所房子跑去，敲门。门开了，但是人们看到他被拒绝了。他迟疑不决地走了回来。

真是蠢。傅老爷刚好不在家，没有他的命令他的管家不敢做主，因为他严厉得很。要是他知道他的管家把什么人挡在门外了，他肯定会大发雷霆的，是吧？

三位神仙　（微笑着）肯定的。

老王　再稍等一会儿！隔壁的房子是苏寡妇的，她一定会喜出望外的。

〔他跑向小屋，但看来在那儿也碰了钉子。

我得到对面那头问问。苏寡妇说，她只有一间破落的小屋。我马上去问问程先生。

神仙二　不过对我们来说，一间小屋也够用了，告诉她，我们去住。

老王　还没收拾好的房间也行吗？说不定满屋子是蜘蛛呢。

神仙二　没关系，有蜘蛛的地方苍蝇少。

神仙三　（和善地对老王）我的孩子，去问问程先生或别的人家，我有点恶心蜘蛛。

〔老王又在某处敲敲门，有人把他让了进去。

屋里传来声音　请你的神仙们宽恕我吧，我们的麻烦一大堆呢！

老王　（回到神仙们身旁）程先生很为难，他家里全是亲戚，他不敢亵渎神明。我觉得，他们这堆人里有坏人，他不愿意让你们看到坏人。他害怕你们给他治罪。就是这样。

神仙三　我们真的这样可怕吗？

老王　只是对坏人而言，不是吗？大家都知道，广省几十年来一直在闹水灾。

神仙二　这样啊？可是为什么会这样呢？

老王　哦，是因为那里不再敬畏神明。

神仙二　胡扯！因为拦河坝决堤了。

神仙一　（对老王）嘘！我的孩子，你还有希望找到房子吗？

老王　你怎么这样问呢？我只需再跑一家就能为你们找一处落脚地的。大家都巴不得款待诸位呢。你们知道，刚才只是凑巧。我这就走！

〔他踌躇着走了，在大街上犹豫不定地停下来。

神仙二　我说什么来着？

神仙三　怎么老是凑巧呢？

神仙二　在甘肃是凑巧，在广省是凑巧，在四川又是凑巧！再也没有人敬畏神明了，这就是赤裸裸的事实，一个你们不愿意面对的事实。我们的使命失败了，你们得承认！

神仙一　我们总还能找到好人的，不管到什么时候。我们不能就这么轻易放弃。

神仙三　天条里说如果能够找到一批好人，他们可以按照人的尊严活着，那么这个世界就可以一如既往地存在。如果我没弄错的话，这个卖水人就是一个这样的人。（他走向老王，老王还在犹疑不决地站在那儿。）

神仙二　他被迷惑了。这个卖水人用他的量水杯给我们水喝时我就看出了些破绽。这就是那个杯子。（他给神仙一看杯子。）

神仙一　这个杯子有两个底子。

神仙二　骗子！

神仙一　好，他不算在内。一个人道德败坏了算不了什么！我们会找到足够多符合条件的人。我们必须找到一个！两千年来，人们就一直叫着：人心不古，世风日下。这个世界上没有一个好人。现在，我们无论如何也得找出能够遵循我们训诫的人。

神仙三　（对老王）也许找个容身之所实在是太难了吧？

老王　给你们找就不难！你们想哪儿去了？没能很快找到住处，责任全在我，我不会找。

神仙三　肯定不是这样。（他往回走。）

老王　您已经看到了。（他对一个先生说）尊敬的先生，对不起，我有话跟您讲，几年来，整个四川都在谈论三位最高的神仙即将到来的事儿，现在他们真的来了，他们需要找个住处。您别走啊！您可以自己看看的！只要看一眼就够了！老天保佑，赶快抓住这次机会吧！机不可失啊！在别人把他们抢去之前，抢先让神仙们住在您那儿吧，他们肯定会接受邀请的。

〔那个男人自顾自地走了。

老王　（转向另一个人）亲爱的先生，您已经听到是怎么一回事了。或许您有个落脚的地儿吧？并不需要宫殿丽舍。心意最重要。

先生　我怎么知道你那些都是什么神仙？谁知道带回去住在家里的是些什么人呢。

〔他进了一家香烟铺子。老王跑回到三位神仙身边。

老王　我找到了一位先生，他一定会同意的。

〔他看到他的水杯放在地上，疑惑地望望神仙，把杯子往身边一拿，又跑了回去。

神仙一　听上去，他的话不是很让人振奋啊。

老王　（那个男人重又从香烟铺子走出来）住宿的事儿考虑得怎么样了？

先生　你怎么知道，我自己不是住在客栈里的？

神仙一　他什么也没找到。这个四川我们也可以划掉了。

老王　他们是三位最高的神明！真的！他们的宝像在庙里随处可见。如果您快点过去邀请一番，他们也许会答应去的。

先生　（笑着）你想找地方安顿的那些人，肯定是老骗子。（下）

老王　（骂向他）你这斜眼的投机分子！你不敬神吗？你们会因为亵渎神明下油锅的！神明会对你们下咒的！这笔债你们祖宗八代都要偿还！你们把整个四川的脸都丢光了！（稍停）现在只剩下这个妓女沈蒂了，她不会拒绝的。

（他叫着）"沈蒂。"

〔沈蒂从高处的窗户里探头望出来。

神明们来了，我给他们找不到住的地方，你能不能留他们住一晚？

沈蒂　我想不行，老王。我在等一个客人呢。但是这是怎么一回事，你没给他们找到住的地方?

老王　这个我现在不能说啊。整个四川就是一座垃圾堆。

沈蒂　那个客人来了我就藏起来。这样,兴许他就走了。他要把我带出去呢。

老王　我们不能现在就上去吗?

沈蒂　但是你们不能大声讲话。可以告诉神仙们实情吗?

老王　不!他们不能知道你的营生!我们还是在下面等吧。不过你不会跟他走吧?

沈蒂　我的境况不太好,要是到明天早晨我还凑不够房租,我就要被撵出去了。

老王　这个节骨眼上不应该算账。

沈蒂　我不知道,只可惜哪怕是皇帝老儿过寿,肚子饿了还是要叽里咕噜响。那好吧,我留下他们好了。

〔观众看到她把灯熄了。

神仙一　我觉得没什么希望了。

〔他们走向老王。

老王　(看到他们站在自己身后,大吃一惊)找到歇脚的地方了。

〔他擦擦汗。

神仙们　是吗?那我们去吧。

画外音

世事艰难。眼下，只有沈蒂听见响动，打开了窗子。可不是吗，按她的话来说『即使是皇帝老儿过寿，肚子饿了还是要叽里咕噜响的。』

38號

老王　不用急。再等会儿。这间屋子还要收拾一下。

神仙三　那我们就坐在这儿等着吧。

老王　我怕这儿车辆太多。我们还是去那边吧。

神仙二　我们想看看人。我们就是冲着这个来的。

老王　这里是风口。

神仙二　哦，我们身体结实着呢。

老王　不过，也许你们想让我带你们看看四川的夜景吧？我们去走一走，怎么样？

神仙三　今天我们走得够多了。（微笑）要是你想让我们离开这里，尽管说就是了。

〔他们退回去。

在这儿你觉得方便吗？

〔他们坐在一处房子门口的台阶上。老王坐在不远处的地上。

老王　（鼓起勇气）你们住在一个无依无靠的姑娘那儿。她是四川最好的人。

神仙三　这太好了。

老王　（向观众）我刚才捡起水杯的时候，他们那么奇怪地看着我。难道他们晓得了什么？我都不敢正眼瞧他们的眼睛了。

神仙三　你累坏了吧。

老王　　有点儿，跑的了。

神仙一　　这儿的人生活很艰难吗?

老王　　好人都很艰难。

神仙一　　（严肃地）你也是?

老王　　我知道你们的话是什么意思。我不好。但我也不是什么坏人。

〔这期间有个男人出现在沈蒂家门口，吹了几下口哨。每吹一下，老王就颤抖一下。

神仙三　　（轻轻对老王）我想，现在他已经走了。

老王　　（不知所措地）是的。

〔他站起来，跑到广场上，他的挑水担子掷在后面。但是下面的情景已经发生了：那个等待的男人走了，沈蒂悄悄从门里出来，轻声喊着“老王”，边找老王边往街头走去。老王轻声叫了她一声“沈蒂”，但没人答应。

她把麻烦留给我了。她跑了，凑她的房租去了，我却没为神明们找到歇脚的地方。他们累坏了，还在等着。我不能再带着一句“没地儿住”回去见他们了！我自己的住处，是一截下水管道，绝对不行。神明们要是发现一个人做坑蒙拐骗的买卖，肯定也不愿意和他住在一起。我不回去了，无论如何我也不回去了。但是我的水担子还在那儿呢。怎么办？我不敢去拿。我要离开省城，躲在随便什么地方，让他们看不见。因为我没能为他们——这些我所敬重的人做事。他跌跌撞撞地跑开。

〔他刚走，沈蒂就回来了。她找了找另一边，看见了几位神仙。

沈蒂 诸位就是几位神明们吗？我叫沈蒂。要是各位肯光临寒舍，那我就太高兴了。

神仙三 但是那个卖水的去哪了呢？

沈蒂 我肯定是和他走岔了。

神仙一 他大概以为你不来了，所以他就不敢再来见我们了。

神仙三 （拿起担子）我们把它搁你这儿。他需要这副担子。沈蒂领着他们进了屋子。

〔天色黑了下来，又旋即转明。晨曦中，三位神明从门里出来，沈蒂点灯引路。他们互相道别。

神仙一 亲爱的沈蒂，谢谢你的殷勤招待。我们不会忘记，是你收留了我们。把这担子还给那卖水人，告诉他，我们也谢谢他，因为他给我们找到了一位好人。

沈蒂 我不是好人。我得对你们坦白，老王来我这里为你们找住处时，我曾犹豫过。

神仙一 如果人们最终战胜了它，犹豫也没什么的。你知道吗，你给我们的远远不只是提供一个住处。很多人，甚至我们的一些神明都怀疑，世上到底还有没有好人。我们就是为了弄清这个问题才踏上我们的云游之路的。现在我们可以愉快地继续云游了，因为我们找到了一个这样的好人。再会！

沈蒂 停一下，神明们，我也不确信，我是不是个好人。我很想做个好人，只是，我拿什么付房租呢？我想对你们坦白：我是个卖身之人，就为了让自己活下去。但就是这样，生活也还是没有着落，因为有太多的人迫于生计干这一行。我什么都干，但是谁又不是呢？当然，能够保持孝悌和诚实这两条训诫，我可能会非常幸福。不贪图邻居的房屋，于我是一种快乐，忠实地追随一个男人，对我而言无比惬意。我也不想损己利人，抢劫弱者。但是我怎么能做到这一切呢？就算是不遵守几个戒律，我也没法过活的啊。

神仙一 沈蒂，这一切不外乎是一个好人的动摇罢了。

神仙三 再见了，沈蒂！也替我衷心地问候那个卖水人。他是我们的好朋友。

神仙二 我怕他心里不太好受。

神仙三 愿你一切都好！

神仙一 首先要心地善良，沈蒂！再见！

〔他们转身要走，已经在挥手了。

沈蒂 （害怕地）但是我对自己没把握啊，神灵们。处处物价飞涨，我怎样才能做个好人呢？

神仙二 很抱歉，我们对此爱莫能助。我们无法干涉经济营生。

神仙三 停一下！你俩稍等片刻！如果她囊中充实一些，或许就能做到了。

神仙二　我们什么也不能给她。不然回到天上不好交代。

神仙一　为什么不能？

〔他们把头凑到一处，激烈地讨论起来。

神仙一　（转向沈蒂，难为情地）我们听说你还没凑够房租。我们不是穷人，当然会支付我们的住宿费！给！（把钱交给她）但是不要给任何人讲我们付过钱。这可是会引起误会的。

神仙二　太对了。

神仙三　不，这是允许的。我们可以心安理得地付清我们的住宿费。天条里没有说不能付房租。再见了！

〔神明们快速退场。

第一场

一家小香烟铺子

铺子还没有完全收拾好，尚未开张。

沈蒂　（对观众）神明们已经走了三天了。他们说要付给我借住的钱，我一看他们给的钱，有一千多块大洋呢——我用这些钱盘下了一家香烟铺子。昨天我搬到了这里，我希望现在可以做点好事了。像邢太太，她以前是这家铺子的老板娘。昨天她就来过了，求我给她的孩子一点米。今天我又看到她拿着罐子穿过广场过来了。

〔邢太太进来。两人互相躬身问候。

您好，邢太太。

邢太太　您好，沈蒂小姐。在新家里住得怎么样？

沈蒂　挺好的。您的孩子昨晚在哪儿睡的？

邢太太　哎，是在一个偏僻的“房子”里住的，假如那小棚屋还可以被称作“房子”的话。最小的那个孩子已经开始咳嗽了。

沈蒂　这真是糟透了。

邢太太　您才不知道什么叫作糟透了，反正您自己过得好好的。不过在这个小铺子里您会有得受的。这里是贫民区。

沈蒂　　您告诉过我，中午会有水泥厂的工人来啊？

邢太太　但是除此之外就没人来买了，临近的人从来没买过。

沈蒂　　您在卖给我铺子时可没给我讲过这些啊！

邢太太　这会儿您还要来指责我！首先，是您抢了我和我的孩子们的家，然后才谈得上铺子和贫民区。真是无耻至极。（哭泣）

沈蒂　　（很快地）我这就给您拿米。

邢太太　我还得求您借点钱给我。

沈蒂　　（边给她往锅里倒米边说）这个我就没办法了，我还没开张呢。

邢太太　可是我需要钱。要不然我靠什么活？您把我的所有东西都抢走了，现在您就紧紧勒着我的喉头。我要把我的孩子放在您的门槛前，您这个铁石心肠的女人！（她一把从她手里夺过罐子。）

沈蒂　　您不要生气！您把米都倒出来了！

〔进来一对老年夫妇和一个衣衫褴褛的人。

女人　　哎哟，我亲爱的沈蒂，我们听说你现在过得不错啊！你成女老板了呀！你想想，我们现在可是一无所有了。我们的香烟店关门大吉了。我们商量着，看能不能在你这儿歇一晚。你认识我的外甥吗？他也来了，他和我们从来都在一块的。

外甥　　（四处打量）真是个不错的铺子！

邢太太　这是些什么人？

沈蒂 我从乡下来城里的时候，他们是我的第一家房东。（向观众）我的那一点点钱花完后，他们就把我赶到大街上了。他们生怕我现在不答应。他们穷了。

他们无家可归，
他们无人依靠，
他们急需周济。
我怎好不答应？

（和蔼地对刚来的人说道）欢迎！欢迎！我很乐意留你们住下。只是，我只在店铺后面有一间小小的厢房。

男人 这就够了，你不用操心！

女人 （在沈蒂端上茶水时说）我们最好住在铺子后面，免得妨碍到你。你大概是因为记得你的第一个住处而选择开一家香烟铺子吧？我们可以给你出谋划策。这也是我们上你这儿的原因。

邢太太 （讥讽地）但愿也要有顾客来才好！

女人 那不是朝我们来了吗？

男人 嘘！已经有主顾上门了！

〔进来一个衣衫褴褛的人。

衣衫褴褛的男人

打扰了。我失业了。

〔 邢氏笑了起来。

沈蒂　我能帮到您吗?

失业男人　我听说您明天开张。所以我想,开包的时候偶尔会有几支烟弄坏。您有卖不出的烟能给我抽一支吗?

女人　真是岂有此理,竟然来讨烟!是不是想再来点面包啊!

失业男人　面包很贵。只要抽几口,我就面目一新了,我真是累趴下了。

沈蒂　(递给他烟)面目一新,这很重要。我想借您的光开张,您会给我带来好运的。

〔 失业男人迅速点上一支烟,吸了一下,咳嗽着下场。

女人　这样做合适吗,亲爱的沈蒂?

邢太太　您要是这样开店,连三天都维持不了。

男人　我敢打赌,他腰包里肯定还有钱。

沈蒂　可他说过了,他一无所有了。

外甥　您怎么知道他不是在骗您?

沈蒂　(发火)我怎么知道他在骗我?

女人　(摇着头)她没法不答应!你真是太善良了,沈蒂。如果你想保住你的店,你就得一概拒绝所有这样那样的请求。

男人　你就说铺子不是你的,是你一个亲戚的,比方说一个表兄的,他要求你把账算得分毫不差。你就不能这样说吗?

邢太太　只要不用总是装作一副善人的面孔，就能这样说。

沈蒂　（笑着）尽管骂吧！我立马不让你们住在这儿了，米我也要倒回来！

女人　（吃惊地）这米也是你的？

沈蒂　（对观众）

他们坏透了，

他们无人结交，

他们没给过别人一粒米，

他们把一切都留给自己。

谁能痛斥他们一番？

〔进来一个小矮个儿。

邢太太　（看见他就匆忙起身）我明天再来。（下）

小矮个　（喊向她）等等，邢太太！我正要找您呢！

女人　她常来吗？她是不是向你要东西啊？

沈蒂　她没要什么，可是她没得吃，这就够她受的了！

小矮个　她自己清楚为什么要跑。您是新老板吗？哎呀，您已经把货架摆满了！但是这并不是您的！除非您买下它。这个不要脸的，就是刚才坐在这儿的那个女人，她还没给我钱呢。（对大家）我就是木匠。

沈蒂　可是我以为，我付过钱的东西中已经包括这个货架了呢！

新店開
香
請吸高級名煙
米
Rice

大
李
租房合同

画外音

我的烟铺子还没开张，可这儿已经挤满了人。这些人哪，他们一个一个都可着劲儿为难我。难道开间小铺子真像他们说的这么难？

木匠　欺骗，全都是欺骗！你和那寡妇当然是一个鼻孔出气！我要我的100银元，我叫林度。

沈蒂　我怎么付得起，我已经没钱了。

木匠　那你就拍卖。马上！要么立刻付钱，要么马上拍卖。

男人　（提醒沈蒂）表兄！

沈蒂　下月给您行吗？

木匠　（吼叫着）不行！

沈蒂　您别那么疾言厉色，林度先生。我没法对所有的要求都立马答应。

（对观众）

宽厚一点点，力量就翻番。
看，老马停在草堆前：
若让他肚子填得满，自有那力气拉车辕。
六月里耐心等树长，
八月里桃子压枝弯，
没有点耐心怎共处？
凡事若拖延一点点，
最远的目标也实现。

（对木匠）您再稍微等一小会儿，林度先生。

木匠　那谁又会对我和我的家人讲耐心呢？（他从墙边挪动一个货

架，似乎想把它带走。）要么您来付钱，要么我带走这个货架！

女人　我的好沈蒂，为什么你不把这事交给你的表兄来处理？（对木匠）你写好账单，沈蒂小姐的表兄来付钱。

木匠　这样的表兄我可见多了！

外甥　别傻笑！我认识他。

男人　这人厉害得真像把刀子。

木匠　好，就让他来结账。

〔他弄翻了货架，坐在上面写账单。

女人　（对沈蒂）如果不把他制止住，他会为了几个架子连你身上的衬衣都剥下来的。对于一项要求，不管是不是合理的，都不要承认，要不然各种各样有理没理的就都来找你了。你往垃圾桶里扔一块肉，这一带所有的野狗都会来你的院子里抢食。法院又有什么用？

沈蒂　如果连他的手艺都养活不了他，法院就更不能了。他下了力气，不愿意空手而归。他有家人。我没法给他钱，这就够不好了。神明们会说些什么呢？

男人　你在收留我们的时候就已经尽到义务了，这已经远远够了。

（进来一个跛足男子和一个孕妇。）

跛子　（对夫妻俩）哦，你们二位在这儿呀！你们现在可是体面亲戚了，就把我们随便扔在大街上！

女人　（尴尬地对沈蒂）这是我弟弟老温和弟媳妇。（对二人）别骂了，坐一边去！别打扰我们的老朋友沈蒂小姐。（对沈蒂）我想我们得收留这两位，因为我弟媳已经有五个月的身孕了。不知你意下如何？

沈蒂　欢迎，欢迎！

女人　快来道谢啊！碗就在那后面。（对沈蒂）他们压根儿不知道该往哪儿去。你有这家铺子真是太好了！

沈蒂　（一边端上茶，一边对观众笑着）是啊，幸好我有这家铺子。

〔女房东米芝进来了，手里拿着一张表格。

女房东　沈蒂小姐，我是房东米芝。我希望我们之间能相处得很好。这是租房契约。（沈蒂看契约）一家小店开张，这可真是个好日子，不是吗，先生们？（环顾四周）货架上还有几个小洞，但是不打紧。您可以找几个保人吗？

沈蒂　有必要吗？

女房东　可是我还不知道您是谁呢。

男人　或许我们可以给沈小姐作保。打她来城里的时候我们就认识了，任何时候我们都会百分百地为她作保。

女房东　您又是谁？

男人　我是卖烟的马福。

女房东　你们的店在哪里？

男人　眼下我没有店，我才把铺子卖掉。

女房东　这样啊。（对沈蒂）除此之外，您就没有认识个人，可以让我从他那儿了解您的情况吗？

女人　（提示）表兄！表兄！

女房东　您总得有什么人可以为您作保，让您住在我的房子里吧。这所房子一向名声很好，我的好姑娘。没有保人我压根儿就不能和您订合同。

沈蒂　（慢慢地，目光下垂）我有一个表兄。

女房东　啊，您有个表兄。在本地吗？那我们马上就可以去。他是做什么的？

沈蒂　他不住在这儿，在另一座城里。

女人　你说的莫不是顺城的那位？

沈蒂　是，是隋大先生，就在顺城！

男人　这人我认识啊，一个瘦高个儿。

外甥　（对木匠）您也和沈蒂小姐的表兄打过交道！就是货架的事儿！

木匠　（闷闷不乐地）我刚为他写了账单。这儿！他把账单递给她。明儿早上我再来！（下）

外甥　（一边斜眼瞅着女房东，一边朝他喊）放心吧，表兄会给您付钱的。

女房东　（尖刻地挖苦沈蒂）那么我也很高兴认识他。晚安，小姐。（下）

女人　（停了一会儿）这下子什么都来了！你可以打保票，明天一早他们就知道你的底细了。

孕妇　（轻声对外甥）这儿是待不久的！

〔进来一个白发老人，由一个男孩领着。

男孩　（向后面）他们在这儿。

女人　你好啊，爷爷。（对沈蒂）这位好心的老人！他总为我们操心。这个孩子，他都这么大了吗？他吃起来没个完。你们还带了谁来？

男人　（往外看看）只还有一个侄女儿。

女人　（对沈蒂）这是我们乡下的一个小亲戚。但愿我们这些人对您来讲不算太多。你住在我们那儿的时候，我们还没这么多人的，不是吗？是啊，我们的家口越来越多。日子越困难，人就越多。人越多，日子就越难。但是现在我们把门闩上吧，要不然就不得安宁了。

〔她插上门，大家都坐下。

最要紧的是我们不妨碍你做生意。要不然烟囱靠什么冒烟呢？我们是这样打算的：白天年轻人都出去，只有爷爷，孕妇或许还有我留下。其他人白天最多进来一两次看看，好不好？把那儿的灯点起来，也好方便一点。

外甥　（幽默地）只是那位威严的表兄隋大不要在今晚闯进来才好！

〔孕妇笑笑。

跛子　（伸手去够一支烟）抽一支烟不打紧吧？

男人　当然不打紧。

〔大家都拿烟抽起来。跛子把一壶酒挨个递给大家。

外甥　让表兄来付钱！

爷爷　（严肃地向沈蒂）您好！

〔沈蒂，被这迟来的问候搞糊涂了，躬了躬身。她一只手拿着木匠的账单，另一只手拿着租房契约。

女人　你们会唱歌吗，好让东道主消遣消遣？

外甥　外公先来！

〔他们开始唱《烟之歌》

爷爷　从前，岁月尚未染白我的头，
想凭着聪明艰难糊口。
今天方懂得，没什么聪明足够
填饱穷人的胃口，
所以我说，就这样吧！
看看灰色的烟
袅袅上了清冷的天，
你也如它一般消散。

男人　看着老实勤恳的人被榨干，
所以我试着走曲折的小道。
可是小路也只是引我们下深渊，
我简直就是对未来一筹莫展。
所以我说就这样吧！
看看灰色的烟
袅袅上了清冷的天，
你也如它一般消散。

侄女　我听说，那边年迈的人，希望很渺茫。
因为时间创造一切，而他们恰恰去日无多。
然而我听说，大门对我们年轻人敞开
自然，我也听说，敞开的大门只通向虚无。
我也说就这样吧！
看看灰色的烟
袅袅上了清冷的天，
你也如它一般消散。

外甥　你哪来的酒啊？

弟媳　他是用一袋子烟叶换来的。

男人　什么？这些烟叶是我们唯一仅剩的东西。就是露宿街头我们也没动过它！蠢猪！

跛子　你骂我是猪，是因为我老婆忍饥受冻？你自己不也喝了吗？快把酒瓶递过来！

〔 他们扭打成一团，货架翻倒了。

沈蒂　　(恳求道) 噢，心疼一下这个铺子吧，别把什么都糟蹋了！这小店是神明的恩赐啊！这儿有什么，你们尽管拿吧，只是别毁了它！

女人　　(讽刺地) 这个店比我之前想的可要小。我本不该告诉姑姑和其他人的。他们一来，这里就挤不下了。

孕妇　　东道主也有点冷淡了！

〔 外面传来声音，有人敲门。

喊声　　开门，是我们啊！

女人　　是你吗，姑姑？我们该如何是好呢？

沈蒂　　我的铺子啊！哦，真希望，不要还没开张，就已经被折腾得不像个样子了。

(对观众)

救援的小船
被立刻扯进深潭，
太多落水的人儿
自私地抓向它的橹。

外面的喊声　开门！

过场

桥下

卖水人蹲在桥下。

老王　（环顾四周）静悄悄的。我在这儿躲了四天了。他们找不到我，因为我时刻警惕着。我是有意沿着他们离开的方向逃的。第二天他们过了桥，我听到他们的脚步声在我头顶响着。现在他们肯定已经走远了，我不用害怕他们了。

〔他往后一躺，睡着了。音乐响起。河堤变得透明，神明们出现。

老王　（用胳膊挡住脸，好像有人要打他一般）你们不要说了，我全知道！我没找着愿意留你们住宿的人，没有一家愿意！这会儿你们都明白了！现在请走吧！

神仙一　不对，你找到肯收留我们的人了。你走后她就来了。她留我们住宿，照看我们睡觉，一大早我们离开的时候她还掌灯给我们照路。你对我们说她是个好人，她的确是。

老王　那么是沈蒂留你们住宿了？

神仙三　就是她。

老王　而我这个不坚定的人竟然跑开了！就因为我想：她不能来了。因为她那儿情况很糟，她来不了。

画外音

我老王只能蹲在这儿，妄想避开神仙们的诘问。什么！沈蒂居然真的留了他们仨一晚住宿？她是个好人，她是个好人！而我却是个意志薄弱的人！

神仙们　　哦，你这个弱者，
心地善良却意志薄弱的人！
你以为，贫穷的地方就没有好人！
你以为，危险的地方就没有勇者！
哦，软弱的人们，看什么都一无是处，
哦，武断的人，哦，轻易就灰心绝望！

老王　　神啊，我太惭愧了！

神仙一　　那么现在，卖水人，做点让我们满意的事儿。快点回省城，看看那儿的好沈蒂，向我们汇报她的情况。现在她的日子好了。她现在用那笔钱买了一爿小店，这样她就能遂了心愿。也像她那样行善吧，因为不发愿行善，好人也做不长久。我们要继续云游，再找找像我们的四川好人那样的人，好让流言终止，说什么好人不再生活在我们的地球上。

〔 他们消失了。

第二场

香烟铺子

到处是睡着的人们。灯还亮着。有人敲门。

女人　（睡意沉沉地起身）沈蒂！有人敲门！她去哪儿了？

外甥　她肯定是去弄早饭了。反正表兄先生埋单！

〔女人笑着，脚步啪嗒啪嗒走向门边。进来一个年轻先生，后面跟着木匠。

年轻先生　我就是表兄。

女人　（如坠云里）什么，您是谁？

年轻先生　我叫隋大。

客人们　（互相叫醒）表兄！——但这只是一个玩笑，她根本就没有表兄啊！——这儿却有个人说，他就是表兄！——不可思议，大清早的！

外甥　先生，如果你是女主人的表兄，那就快点给我们弄点早饭吧！

隋大　（边关灯边说）马上就有顾客要来了，请你们快点穿好衣服，好让我可以开店。

男人　您的店？我想这是我们的朋友沈蒂的店吧？（隋大摇摇头）什

画外音

隋大和木匠一齐闪进了门。

——我就是表兄！我就是隋大！我的表妹可吃不消无时无刻做一个四川好人！

么？这根本就不是她的店？

孕妇　那她可把我们给骗了！她躲哪儿去了？

隋大　她被挡在外面了。她让我告诉你们，我来了之后，她就什么也不能为你们做了。

女人　（震惊地）而我们还把她当作一个好人呢！

外甥　别信他的！去找她！

男人　好，我们去找她。他安排着。你，你，你，还有你，你们到处去找找她。我和爷爷留在这儿，守住阵地。年轻人可以在此期间去弄点吃的。（对年轻人）你看到那边角落里的干粮店了吗？你悄悄溜过去，把褂子里塞满干粮再回来。

孕妇　再拿几个黄澄澄的小糕饼！

男人　但是小心，别让一旁的干粮铺老板逮住你。也别让警察给堵住。

〔年轻人点点头去了。其他人穿好衣服。

隋大　你们偷干粮，不会让给你们提供庇护的香烟店臭名昭著吗？

外甥　大伙儿别理他，我们很快就会找到沈蒂。到时候她就会打发他离开了。

〔外甥，跛子，孕妇和侄女下。

孕妇　（下台时）给我们剩点东西当早饭！

隋大　（平静地）你们找不到她的。我的表妹很抱歉，她不能没完没了地做好人。但是遗憾的是，你们人实在太多了！这儿是一个香烟铺子，沈蒂小姐靠此过活。

男人　我们的沈蒂绝对不会把这样的话挂在嘴边。

隋大　或许你们是对的。（对木匠）这些不幸的根源在于，这座城市实在是太贫困了，远不是一个人可以遏制的。一千一百年前有人写过一首四行诗（白居易《新制绫袄成感而有咏》），遗憾的是，自打那时起这种情况就没有好转：

心中为念农桑苦，
耳里如闻饥冻声。
争得大裘长万丈，
与君都盖洛阳城！

〔他开始整理铺子。

木匠　我看得出来，你在努力将你表妹的事情打点好。这儿有一点小账目，是买货架欠下的，有证人作证。100块银元。

隋大　（从袋子里抽出账单，客气地）您不觉得100块大洋有点太多了吗？

木匠　不。我不能再降价了，我也有老婆孩子要养活呢。

隋大　（严厉地）几个孩子？

木匠　4个。

画外音

心中为念农桑苦，
耳里如闻饥冻声。
争得大裘长万丈，
与君都盖洛阳城。

隋大　那我给你20大洋。

〔 男人笑了。

木匠　您疯了吗？这个货架可是胡桃木做的！

隋大　那您把它拿走吧。

木匠　这话怎么说？

隋大　对我来说它们可太贵了。我请求您搬走这些胡桃木货架。

女人　“给”得太好了！（她也笑了。）

木匠　（不确信地）我要求见沈蒂小姐，她看起来为人比你好。

隋大　显而易见，她破产了。

木匠　（坚决地抬起一个货架走到门边）这样您就可以把您的香烟摞在地上了！对我来说没关系。

隋大　（对男人）您帮帮他！

男人　（也抬起一个货架，幸灾乐祸地走到门边）带着你的货架滚吧！

木匠　你这个狗东西！想让我的家人挨饿吗？

隋大　我还是给您20块大洋，因为我不想把我的香烟放在地上。

木匠　100块！

〔 隋大冷淡地望向窗外。男人正要把货架抬出去。

白痴，别磕在门檐上！（无奈地）但是他们是量着尺寸定做的！

他们只和房子这边这个空缺处匹配，别处都不行。它们已经是一堆废料了，先生！

隋大　就是呢。我就是这样才肯出20块大洋，因为是一堆废板啊。

〔女人高兴得尖叫了起来。

木匠　（突然疲倦地）我纠缠不起了。收着货架，随便开个价付钱吧。

隋大　20大洋。

（他把两个大硬币放在桌上，木匠收起钱。）

男人　（把货架抬回来）对一堆废木板来说，这个价值了。

木匠　是啊，或许够我大醉一场了。（下）

男人　他在外面了！

女人　（一边擦干笑着流出的眼泪一边说）这货架是胡桃木做的！——您把它搬走吧！——100大洋！我有4个孩子——那我出20大洋！——但是它们都变成废板子了！——就是说嘛！20大洋——这种人，就该这样对付他！

隋大　是的。（严肃地）赶快滚。

男人　你说我们吗？

隋大　是的，就是你们。你们这些贼，这些寄生虫。如果你们二话不说，扭头就走，还能来得及逃掉。

男人　最好什么都不要回答他。别干瘪着肚皮吼。不知道那个年轻人在哪儿？

隋大　是啊，那个年轻人呢？我提前告诉你们，我不想让他带着偷来的糕饼待在我的店里。（突然吼道）再说一遍：滚！

〔他们坐着不动。

隋大　（再次变得平心静气）随你们的便吧。

〔他来到门边，探身问候外面的人，门里进来一个警察。

我猜，管理这个片区的长官就是您了吧？

警察　是啊，您是？

隋大　我叫隋大。（他们互相笑笑。）今天天气真不错啊！

警察　只怕有一点热啊。

隋大　是有一点热。

男人　（悄悄对他老婆说道）如果他们一直这样胡扯到年轻人回来，我们就被逮个正着了。

〔他试着悄悄给隋大使个眼色。

隋大　（没看他递来的眼色）人们在凉爽的地方和尘土飞扬的街上，对天气的判断会有区别。

警察　会有很大区别。

女人　（对男人讲）别紧张！如果年轻人看到警察站在门内，他是不会进来的。

隋大　您请进，这儿确实凉快一些。我的表妹和我开了一家铺子。我想告诉您，我们对这小铺子寄予了厚望，想与当局保持良好的关系。

警察　您真是个好心肠，隋大先生。是啊，这儿确实很凉快。

男人　（轻轻地）他故意请他进来，好让年轻人看不到警察站在那儿。

隋大　这些是客人！据我所知是我表妹的稍微沾点边的熟人。他们正打算上路。（人们互相躬身。）我们正要告别呢。

男人　（热切的）是啊，我们正要走呢。

隋大　我会转告我的表妹，你们很感谢她晚上留宿，但是没时间等她回来了。

街上传来噪声和喊声　“抓住那个贼！”

警察　这是怎么一回事？

〔门里站着年轻人，从他的褂子里掉下大饼和小糕饼。女人拼命地暗示他出去。

哪儿来的蛋糕？

年轻人　从对面那儿。

警察　噢，偷来的，是不是啊？

女人　我们什么也不知道啊。这个年轻人是自己干的。你这个废物！

警察　隋大先生，您能解释一下这事吗？

〔隋大一语不发。

啊哈，那你们都往警察局走一趟吧。

隋大　真是不安啊，在我的地盘居然发生这样的事情。

女人　年轻人走出去的时候他是看着的。

隋大　我向您保证警察先生，如果我想包庇一个小偷我就不会请您进来了。

警察　这很清楚。您也明白，隋大先生，押走这些人是我的责任。（隋大躬了躬身。）你们向前！（他把他们赶出去。）

爷爷　（在门后安详地）您好。

〔除了隋大所有人下场。隋大继续收拾。女房东进来。

女房东　如此看来您就是表兄了！这怎么回事儿？警察从我的房子里带走了人？

你的表妹怎么会把这儿当作一个收容所？这些家伙，昨天还住在在简陋的棚子里，向角落里的干粮店讨大饼，把那样的人收留在屋子里，真够受的！你看，我晓得内情的。

隋大　我知道。有人给你讲了一些我表妹的恶心事儿。他们指责她，连肚子都填不饱。人尽皆知，她一贫如洗。她的名声是坏极了，她过得很凄惨。

女房东　她以前是个很普通的……

隋大　穷光蛋。我们尽管说出来。

女房东　哎，不要多愁善感嘛！我在讲她的生活作风，不是讲她的收入。我不怀疑她那时候有某些进项，要不就不会有这家店了。一定是照顾了几位老先生。要不她怎么会有这爿小店？先生，这是一所名声很好的房子！在这儿的房客不希望和这样一个人住在同一个屋檐下，这是事实。（停顿）我不是不近人情的人，但是我不能不顾及别人。

隋大　（冷冷地）米芝太太，我很忙。直截了当告诉我，在这所声誉甚佳的房子里住下去要花多少钱。

女房东　我不得不说，您肯定是个冷血的人。

隋大　（从账桌里抽出租房合同）房租很高，我看房契中写着房租是按月支付的。

女房东　（很快地）但像你表妹那样的人不在此列。

隋大　此话怎讲？

女房东　这就是说，像你表妹那样的人要预先支付半年的房租200块大洋。

隋大　200块大洋！这是牟取暴利啊！我上哪儿筹措这么一大笔钱？在我这大单销售是指望不上。我把我唯一的希望寄托在，水泥厂封口袋女工们多抽点烟，因为据人们说那活儿可苦得很。但是她们挣得很少呀。

女房东　这个您在之前就该料到的。

隋大　米芝太太，您有没有良心！我的表妹以一个不可原谅的错误开了头，给不幸的人提供容身之所，这是事实。但是她会变好的，我会设法让她转变的。再说了，除了找一个从底层社会来这从而对底层知根知底的人，您上哪儿才能找到一个更好的租户呢？她就算累到双手脱皮也会按时付房租的。她什么都肯干，什么都肯牺牲，什么都肯出卖，遇事绝不退缩，同时会像小老鼠，安静得像苍蝇，对您百依百顺也不回到她原来的老窝。这样的租户可不是花钱就能找来的。

女房东　要不交200块大洋，要不就滚回到她来时的大街。

〔警察进来。

警察　一个年轻人，衣衫褴褛。

女房东　警察果真对这家小店有着特殊的兴趣啊。

警察　米芝太太，我希望您不要有什么错误的印象。隋大先生为我们的一件工作做了证，我来这儿仅仅是为了以警察局的名义谢谢他的。

女房东　这和我无关。我希望，隋大先生给你表妹转告我的建议。我希望能和我的租户融洽相处。我先走了，我的先生们。（下）

隋大　您走好，米芝太太。

警察　米芝太太找你麻烦了吗？

隋大　她要求预先支付房租，因为我的表妹名声不好。

警察　您没钱吧？隋大沉默。但是像您这样的肯定会贷到贷款啊。

隋大　或许吧，但是像沈蒂这样的人又怎么借债呢？

警察　您不待在这儿吗？

隋大　不，而且我也不能再回来了。只有顺路经过时我才能帮她一把，我只能阻挡最棘手的事情。之后她又要一切全凭自己做主。我很担心，以后会怎么样。

警察　隋大先生，很抱歉您在房租上有困难。我必须承认，起初我们带着复杂的感情观察这家店，但是您刚刚坚决地挺身而出，向我们表明，您是怎样一个人。我们警方的人很快得出结论，我们可以把谁当作维持治安的中流砥柱。

隋大　（请求着）先生，为了挽救这家被我表妹视作神明恩赐的小店，我已经准备在法律允许的范围内采取一切手段。但是强硬和诡计只能用来对付卑贱的人。因为法律的边界延伸得很聪明。我就像那个刚解决鼠害，然后突然又到了河边的倒霉蛋！

（停顿了一小会儿）您抽烟吗？

警察　（将两支烟插进兜里）我们局里的人很不情愿让您离开这儿。隋大先生。但是您要理解米芝太太。沈蒂曾经靠卖身为生，这一点我们不用隐瞒。您可以反驳我：那她还能做什么呢？她要怎样支付她的房租？但是事实终归是事实：会败坏名声。为什么？首先，爱情不能买卖，否则这就是爱情交易。其次，追随爱你的人，而不是付钱给你的人，这才值得再次尊敬，不要为了一把米，而是出于爱。很好，您来回答我，如果牛奶已经洒

画外音

可不是么诸位？强硬和诡计只能用来对付卑贱的人，人要多么走运才能不卷到车轮之下。警察的建议委实不错『目前的当务之急就是给沈蒂物色一个出色的入赘女婿。』呵，我看到了一条出路。

出来了，再有智慧又能怎么挽回呢？她该怎么办？她必须设法筹到半年的房租。隋大先生，我必须实话告诉您，我不知道。（他努力想了想。）隋大先生，有办法了！您只消给他找个丈夫就是了！

〔进来一个又老又矮的女人。

老婆婆　给我男人来一包便宜又实惠的香烟。明天我们就结婚四十周年了，我们要小小地庆祝一番。

隋大　（礼貌地）已经四十年了，还要庆祝啊！

老婆婆　只要条件允许！我们在对面开地毯店。我希望我们邻里之间能够和睦相处，就该这样做，时局不好。

隋大　（在她面前摆了不同的烟）恐怕这句老话已经过时了。

警察　隋大先生，我们需要资本。现在我建议让她结婚。

隋大　（抱歉地对老婆婆）是我起的头把话题扯远了，用自己的个人琐事来麻烦这位警官先生。

警察　我们没有钱来交半年的房租。好吧，那我们就把她嫁给钱。

隋大　这可没那么简单。

警察　为什么呢？她尚未婚配。她有一家生意兴隆的小店。（对老婆婆）您怎么看？

老婆婆　（模棱两可地）嗯，嗯……

警察　在报上登一则启事。

老婆婆　(有所保留地) 如果这位小姐同意的话……

警察　她干吗反对? 我来给您起草。这是一项有用的工作。您不要觉得当局不管那些奋力挣扎的小商人的死活。投之以李，报之以桃。哈哈哈哈!

〔他急忙掏出他的笔记簿，润了润笔写开了。

隋大　(慢吞吞地) 这个主意不错。

警察　哪位正直之士……有资产……鳏夫也可……希望入赘到生意兴隆的烟草店?——之后我们再补充上: 本人容颜姣好，温婉可人。——怎么样?

隋大　只要您觉得这没有太夸张的话。

老婆婆　(友好地) 一点也没有夸张，我见过她。

〔警察从他的本上撕下这页纸，把它交给隋大。

隋大　我很吃惊，人们要多么走运才能不卷到车轮之下。多少念头! 多少朋友! (对警察) 尽管我已下定决心，但是房租已经逼得我山穷水尽了。现在您来帮我出了个好主意。我确实看到了一条出路。

第三场

夜晚在城市公园

一个年轻人，衣衫褴褛，目光追随着一架飞机，飞机在公园上方沿着一条高高的弧线飞行。他从包里拿出一根绳子四下打量，寻找着什么。当他走向一棵高大的柳树时，来了两个站街女。一个已经上了年纪，另一个是那个八口之家的侄女儿。

年轻妓女　晚上好，先生。要跟我一起走吗，小心肝儿？

杨孙　可以啊，我的小姐们。要是你们可以给我买点吃的话。

老妓女　你疯了吧？（对年轻妓女）我们继续走吧。跟他只是在浪费我们的时间。这就是那个失业的飞行员。

年轻妓女　可是公园里不会有人了，马上就要下雨了。

老妓女　或许吧。

〔她们继续向前走去。杨孙环顾四周，抽出绳子，把它扔向一棵柳树的枝丫。但是又有人来打扰他，那两个妓女很快就回来了。她们没看到他。

年轻妓女　要下暴雨了。

〔沈蒂在这条路上散着步走来。

老妓女　看，那个贱人过来了！就是她把你和另外三个人推向了不幸的深渊！

年轻妓女　不是她，是她的表兄。她收留了我们，之后她还掏钱为我们买饼子。我对她没有半句怨言。

老妓女　但是我有！（大声地）啊，这就是我们那有座金矿的俏姐妹！她有一家店，但是她还是想来抢我们的生意。

沈蒂　别张口就要吃人。我还要去池塘边的茶馆呢。

年轻人　你要和一个带着三个孩子的鳏夫结婚了，当真吗？

沈蒂　是啊，我到那儿去见他。

杨孙　（不耐烦地）怎么还没走开，你们这群野鸡！我在这儿就不能有片刻安宁吗？

老妓女　闭上你的臭嘴！

〔两个妓女下。

杨孙　（朝着他们喊）吸血鬼！（对观众）在这样荒凉的地方他们还在不知疲倦地钓男人，在灌木丛中，在雨里，她们都还要拼命地拉客。

沈蒂　您为什么骂她们？（她看了看绳子）哦。

杨孙　您在直呆呆地看什么？

沈蒂　这个绳子是干吗用的？

画外音

两个妩媚的站街女晃进了公园，失业的飞行员杨孙正在柳树旁长吁短叹。他可不就是入赘女婿的最佳人选？

杨孙　走你的吧，大姐，走你的吧！我没钱，没有，连一个铜板也没有。要是我有一个，肯定也不会花在你身上，早就买一碗水喝了。

〔天开始下雨。

沈蒂　这绳子是干吗的？您不能这样做！

杨孙　关你什么事？闪开！

沈蒂　下雨了。

杨孙　别想站在这棵树下。

沈蒂　（一动不动地站在雨里）不。

杨孙　大姐，快走吧，站在这里对你没什么好处。在我身上你是没生意可做的。再说你在我眼里也太丑了，罗圈腿。

沈蒂　这不是真的。

杨孙　别给我看！见鬼，如果下雨那就来树下！

〔她慢慢过去，坐在树下。

沈蒂　为什么您要自寻短见？

杨孙　你想知道吗？那我就告诉你，好让你走开。（停顿）你知道什么是飞行员吗？

沈蒂　知道，在一家茶馆里我见过飞行员。

杨孙　不，你没见过。你见到的或许是几个戴着皮头盔夸夸其谈的蠢货，或是辨不出发动机的响声、对机器没什么感觉的小伙子。他们来到飞机上，只是因为他们花钱买通了飞机管理员。你若是对一个家伙说：让你的飞机从2000英尺的高度穿过云层下降，然后用杠杆压力稳住它。这个家伙说：但是我们的合同里没有这一条。那些在飞机着陆时不能像屁股着地一样平稳的家伙，就不是飞行员，而是笨蛋。我却是个实打实的飞行员。然而我是最大的笨蛋，因为我在北京的学校读了关于航空的所有书籍。只有一本书的其中一页没有读到，那一页上写着，不要飞行员了。就这样我成了一个没有飞机的飞行员，没有任务的邮政飞行员。但是这些意味着什么，你是无法体会的。

沈蒂　我觉得我已经明白了。

杨孙　不，我告诉你吧，你不懂，就是这样，你无法理解。

沈蒂　（半哭半笑）小时候我们有一只翅膀残疾的鹤。它跟我们很亲密，对我们的玩笑从不耿耿于怀。它跟在我们身后踱着、叫着，让我们别走得太快。但是在秋天和春天，一大群大雁从村庄上空飞过的时候，它就变得很不安，我理解它。

杨孙　别嚎了。

沈蒂　没有。

杨孙　你那样会毁容的。

沈蒂　我已经不哭了。

四川好人

〔她用袖子擦干眼泪，杨孙靠在树上，没转身，伸手去够她的脸。

杨孙　你好好擦把脸吧。

〔他用一条手绢给她擦脸。停顿一下。

如果你必须要坐在这里，好让我不要上吊，那至少开口说出来啊。

沈蒂　我不知道。

杨孙　大姐，你为什么要从树枝上解开我？

沈蒂　我被吓住了。很显然你要上吊，仅仅是因为夜太黑暗。

（向观众）在我们的土地上，
不该有黑暗的夜晚，
也不该有河流上高高的桥梁，
更不消说黑暗与光明交替的时刻，
以及整个冬天的时光，
真是危险。
因为有悲惨存在，
一点点想不通，
就可以让人在那里结束，
这不堪忍受的一生。

杨孙　说说你自己吧。

沈蒂　说什么呢？我有一家小店。

杨孙　（嘲讽地）啊，原来你不是娼妓，你有小店！

沈蒂　（坚决地）我有一家店，但是在此之前，我也在街上找生意。

杨孙　那么这家店呢，那就是神仙赐予你的了？

沈蒂　正是。

杨孙　在一个美妙的夜晚他们站在那里说：这是给你的钱？

沈蒂　（轻轻笑着）是一个早上。

杨孙　你不是会说笑的人。

沈蒂　（停了一小会儿）我会弹一点点琴，能模仿人说话。（她用深沉的声音模仿一个威严的男人）"不，怎会这样，我肯定是把我的钱包给忘了！"然后我就有了这家店。我首先把我的琴送出去。现在，我告诉自己，我是一个不声不响的人，这并没什么关系。

我对自己说，我是个富人。
我独来独往，独自起居。
我曾说，一年四季，
再不和男人来往。

杨孙　但是现在你要嫁给一个男人了？池塘边茶馆那位！

〔沈蒂沉默着。

你懂得爱情吗？

沈蒂　一切。

杨孙　你什么都不懂，大姐。站街让你快乐吗？

沈蒂　不。

杨孙　（用手抚摸她的脸，没有转向她）这样舒服吗？

沈蒂　是的。

杨孙　知足常乐，这就是你。这是怎样的一座城市啊！

沈蒂　您没有朋友吗？

杨孙　有一大群呢，但是没人愿意听我讲，我还一直没有职位。他们摆出一副这样的嘴脸，就像他们听到有人抱怨海里还有水似的。你有朋友吗？

沈蒂　（犹疑着）有一个表兄。

杨孙　那你可得小心他了。

沈蒂　他只来了一次，现在他已经走了，再也不回来了。但是为什么您要说得如此绝望呢。人们常说：谈话没希望就是谈话没善意啊。

杨孙　尽管继续说吧！有话就该说完。

沈蒂　（热烈地）尽管现下很艰难，还是有善良的人。在小的时候，我有一次背着一捆柴跌倒了，一个老爷爷扶起我，还给我一个铜板。我总是记起这件事。特别是自己缺吃少穿的人最是乐善好施。也许人们很乐意展示他们的能耐，但是有什么能比友善更好地展示出他们的能耐呢？狠毒只是一种不明智的做法。当人们唱起歌，或者生产机器或者种植稻谷时，这其实就是友善。您也是友善的。

杨孙　对您貌似谈不上有多友善。

沈蒂　说得对。现在我感觉到一滴雨点了。

杨孙　在哪里？

沈蒂　在我眼睛之间。

杨孙　靠右眼一点还是左眼一点？

沈蒂　靠左眼多一些。

杨孙　很好。一会儿后瞌睡了。你和男人的纠葛结束了？

沈蒂　（笑着）但是我并不是罗圈腿。

杨孙　或许吧。

沈蒂　绝对不是。

杨孙　（疲倦地靠在树上）但是，我已经两天没吃饭，一天没喝水了，尽管我想爱你，大姐，我也不能爱你了。

沈蒂　在雨中多美啊。

老王　（唱着《雨中卖水人之歌》过来了）

我是卖水人，
可是站雨中。
为了一点水，

我要跑断腿。

吆喝声声传，

无人来问津。

口不干来舌不燥，

喝水谁还花银钱。

快来买啊，狗东西们！

恨无补天力，

连夜梦频频。

七年雨未滴，

滴水贵如油。

争水闹喧喧，

直欲扑桶边。

卖家由此傲，

卖否凭喜好。

这群狗东西们都在盼着我的水！

（笑着）

一群大无赖，

狂饮复吮吸，

仰头喝个够，

顿觉周身爽。

水从云端来，

贵贱不足惜。

吆喝声声传，

无人来问津。

口不干来舌不燥，

喝水谁还花银钱。

快来买啊，狗东西们！

〔 雨停了。沈蒂看到老王，走向他。

沈蒂 啊，老王，你又回来了？我把你的担子放在我那儿了。

老王 真是太谢谢你，替我收着它们！你好吗，沈蒂？

沈蒂 很好。我认识了一个很聪明勇敢的人，我想买一碗你的水。

老王 你把头仰起来，张开嘴，想喝多少尽管喝。那边的柳树还在滴水呢。

沈蒂 可是我想要你的水，老王。

远远挑来的水，费尽你的力气。

因为天下起雨，卖得很艰难。

我要这些水，给那对面的人。

他是飞行员。

飞行员比别人勇敢，

他不顾风暴雨狂，

画外音

大家且都听听我的歌呦！
一群大无赖，狂饮复吮吸，
仰头喝个够，顿觉周身爽。
水从云端来，贵贱不足惜，
吆喝声声传，无人来问津。
口不干来舌不燥，喝水谁还
花银钱。

飞过长空，

为朋友们传达

来自远方友好的音讯。

〔她付了钱，拿着碗跑到杨孙那里。

沈蒂 （笑着叫回老王道）他睡着了。绝望、暴雨还有我把他折腾累了。

过场

老王在下水管道的过夜处

卖水老王睡着了。音乐响起。水管变得透明。神明们出现在他的梦里。

老王　（神采奕奕）我看到她了，神明们！她还是老样子。

神仙一　这就好。

老王　她恋爱了！她给我看了她的男朋友。她过得的确很好。

神仙一　这正是我们想听的。希望她努力为善。

老王　一定会的。只要能力所及她都做。

神仙一　什么善行啊？给我们讲讲，亲爱的老王。

老王　她对每个人都言辞温和。

神仙一　（热心地）是吗，还有呢？

老王　很少有人空手从她的铺子里出来不拿烟的，没有钱也不打紧。

神仙一　听上去不错，还有别的吗？

老王　她在自己那里收留了一家子八口人。

神仙一　（得意扬扬地对神仙二）一家八口啊！

（对老王）还有别的吗？

老王　尽管天下着雨，她还是从我那儿买了一碗水。

神仙一　然而，这些都是些小事，这不言而喻。

老王　但是她这样花钱太费。一个小店不可能有这么多赚头。

神仙一　那是，那是。但是一个精心的园丁即使在一小块地上也能创造真正的奇迹。

老王　她确实是这样做的。每天早晨她发放大米，她收入的大部分钱都花在这儿了，这点你们可以相信。

神仙一　（有点失望）我也没说什么啊。我对开端不太满意。

老王　想想看，现在的年头不好！她不得不喊一个表兄来帮忙，因为她的店陷入困境了。

刚有个遮风的所在，
冬日的天空就飞来一群鸟儿，
蓬着羽毛在广场四周拉扯，
饥饿的狐狸，咬穿薄薄的墙壁，
独脚的狼又打翻小小的食盘。

简而言之，仅凭她一己之力是支撑不住的。但是所有人都一致认为，她是个好姑娘。到处都叫她：郊区天使。那么多好事都从她的店里传出！那个木匠林度，随他去好了。

神仙一　此话怎讲？木匠林度讲她的坏话吗？

老王　　哎呀，他只是讲，店里货架的钱还没给齐。

神仙二　　你说什么？她没给木匠付钱？在沈蒂的店里？她怎能允许这样的事发生？

老王　　大概是她没这笔钱吧。

神仙二　　一码事。欠债还钱，天经地义。连不高兴的样子都不该有。先按照戒律的条文行事，其次才是它的精神。

老王　　但是神明们，都是她那表哥惹的，不是她自己啊。

神仙二　　那以后就别让这位表兄再跨进她的门槛！

老王　　（垂头丧气地）我明白，神明们。为了给沈蒂辩护我想说，她的表兄一定是个值得尊敬的商人。就连警察也夸奖他。

神仙一　　我们也不想喋喋不休地诅咒这位表兄先生。坦白地说，我并不懂得做生意，也许我们得打听一番，这是怎么一回事。但是到底是什么生意！真有必要吗？人们现在一个劲做生意！七位贤君经过商吗？公正的孔夫子卖过鱼吗？做生意和安分体面的生活有什么相干？

神仙二　　（很气恼）无论如何，不能再发生这样的事了。

〔他转身要走。另外两个神仙也转过身。

神仙三　　（最后一个离开，面带尴尬）今天的话说得重了些，你别放在心上！我们体力透支了，又没有睡好。这睡觉的地方啊，简直了！有钱人让穷人接待我们，但是穷人却没有足够的房子。

神仙们 （渐行渐远，骂着）真差劲儿，还是他们中最好的人呢！——没有什么说服力的！——好人真少见啊，真少见！她做的一切当然是出自真心，但是这些算不了什么！她至少应该……

〔后面的话人们就听不到了。

老王 （跟在他们身后喊）别不高兴，神明们！开头不要期望过高啊！

第四场

沈蒂烟店前的广场

一家理发店，一个地毯店和沈蒂的烟店。早晨。那个八口之家仅存的两个人等在沈蒂的店门口：老爷爷，孕妇，还有失业者和邢太太。

孕妇　　昨晚她不在家吗？

邢太太　　简直不可思议！这位冷血的表哥先生终于走了。她刚可以把偶尔吃不完的大米分一些给我们，就整晚都不待在这里了，天晓得她在哪儿转悠呢。

〔从理发店传出很大的声音。老王踉踉跄跄从里面出来，胖子理发师舒福先生跟在他身后。他手里拿着一个重重的烫发钳。

舒福　　叫你用你的臭水来打扰我的客人！拿着你的杯子赶快滚！

〔老王接过舒福手中拿着的水碗，舒福在他手上用烫发钳打了一下，老王大声叫了出来。

舒福　　这会儿你晓得了吧！让你长个教训！

〔他回头看他的理发店。

失业者　　（捡起水碗，把它递给老王）你可以告他打了你。

老王　　我的手打坏了。

理髮
髮
館
面
正
菜
單

画外音

理发店门口可炸开了锅『胖子理发师舒福手里边握着滚烫的理发钳，追着一脸破落相的卖水人老王。』

——别拿你的臭水来打扰我的客人！

失业者 骨头断了吗?

老王 手不能动了。

失业者 坐下来往手上淋点水。

〔老王坐下来。

邢太太 不管怎样你还有便宜的水。

孕妇 都早上八点了,大家在这儿连点破烂都搞不到。她肯定去找艳遇了。真不要脸!

邢太太 (忧郁地)她已经忘了咱们了。

〔沈蒂沿着小巷走来,端着一个盛米的锅。

沈蒂 (对观众)我还从没有在大清早看过这城市呢。通常这时候我总是顶着脏兮兮的铺盖害怕醒来。今天我是从报童中间、从那个用水冲柏油马路的男人和乡下来的拉菜牛车中间穿过来的。从杨孙那里到这儿要走老长一段路啊,但是每走一步我就越加开心起来。我总听人说,人一旦恋爱,就飘到天上去了,但是最美妙的就是,人们在地上走,就在马路上。我想说,当天空渐渐泛红仍能看清的时候,那一群群房子在晨光中就像是垃圾堆,灯光闪耀在垃圾堆里,因为那时没有灰尘。我想说,如果你们没有恋爱,在这样的时刻看你们的城市,你们就会忽略掉很多东西。那一刻,城市被支架抬高,就像一个空着肚子的老手工师傅把新鲜的空气吸入他的肺里,伸手去抓他的工具,就像是诗人在吟唱。(对等待的人说)早上好!米来了！（她分了米，然后看着老王。）早啊，老王。我今天有点轻飘飘的。一路上我把所有的橱窗看了个遍，现在我很有兴致买一条围巾。（犹豫了一下）我真的很想显得好看些。

〔她很快进了地毯店。

舒福　　（再次进店，对观众）我发现，今天对面烟店的老板沈蒂小姐真漂亮啊，以前她从没这样让我眼前一亮过。我看了她三分钟，我觉得我已经爱上她了。一个不可思议的好心人！（对老王）快滚，无赖！

〔他回到了理发店。沈蒂，一对老夫妻，地毯商和他的老婆，从店里出来了。沈蒂披着一条围巾，地毯商举着一面镜子。

老婆婆　　这条很漂亮，也不贵，因为下面有一个小洞。

沈蒂　　（看着老婆婆手臂上一条围巾）这条绿色的也很好看。

老婆婆　　（微笑着）但是很可惜，这条没有残缺。

沈蒂　　是啊，真可惜。单凭我的小店我没法买太多东西。我进项少，支出多。

老婆婆　　行善嘛，别做得太多了。起初一碗米就能派上大用场，不是吗？

沈蒂　　（试试那条有个小洞的围巾）只是，我必须这样。现在我显得有点轻佻。这个颜色适合我吗？

老婆婆　　这个你就得问问男士了。

沈蒂　（转向老头）这个颜色配我吗？

老头子　您最好还是问问……

沈蒂　（很礼貌地）不，我就问您。

老大爷　（同样很有礼貌地）围巾和您很配。但是把黯淡的那一面翻到外面来。

〔沈蒂付了钱。

老婆婆　如果您不满意，尽可以来换。（把她拉到一边）他有资产吗？

沈蒂　（笑着）哦，没有。

老婆婆　那你能付得起半年的房租吗？

沈蒂　半年的房租！我把这事完全给忘了。

老婆婆　我也这么觉得！下周一已经是第一个月了。我想跟您说个事。您知道，我的老头子和我在认识您之后就对征婚启事有所怀疑。我们决定在危机时刻助您一臂之力。我们存有钱，可以借给您200大洋。如果您愿意，可以把您烟店的存货抵押给我们。我们之间就不需要再费笔墨了。

沈蒂　您真的愿意给我这样一个轻率的人借钱吗？

老婆婆　当然了，您的表兄，或许并不轻浮，我们却不愿意借给他，但是我们可以安心地借给您。

老大爷　（插了一句）讲好啦？

沈蒂　　我希望神明也能保佑您的太太，邓先生。他们寻找快乐的好心人。你们帮了我，一定会幸运的，我是因为恋爱有麻烦了。

〔两人含笑相视。

老大爷　　这是钱。

〔他交给她一个信封。沈蒂接过它鞠了一躬。老夫妻也鞠了一躬。他们进了自己的店。

沈蒂　　（对老王，高举着信封）这是半年的房租！这不是个奇迹吗？你看我的新围巾怎么样，老王？

老王　　你是为了我在公园里见过的那个人买的吗？

〔沈蒂点点头。

邢太太　　与其给他讲你那不靠谱的艳遇，你还是看看他破了的手吧！

沈蒂　　（吓了一跳）你的手怎么了？

邢太太　　那个理发师当着我们的面用烫发钳打了他。

沈蒂　　（为她的疏忽吃惊）我竟然没有发觉！你要马上上医生那儿，要不然你的手就要僵硬了，你就再也不能正常干活了。真是不幸，快点，起来，快去！

失业者　　他没必要去看医生，而是去找法官！他可以向有钱的理发师索要赔偿。

老王　　你觉得我该这么做？

邢太太　　如果你的手真的打坏了那就是了。但是它真的打坏了吗？

老王　我觉得是。它已经很肿了。那会是笔养老金吗?

邢太太　你自然得有个证人才行。

老王　但是你们大家都看到了啊！你们大家都可以做证啊。

〔 他环视了一圈。失业者，老爷爷和孕妇都坐在墙边吃饭，没人抬头看一下。

沈蒂　（对邢太太）您自己也看到了。

邢太太　我可不想和警察有什么干系。

沈蒂　（对孕妇）您也看到了！

孕妇　我吗？我没往那边看！

邢太太　您当然看了！我看到你往那边看了！你们只是怕，因为理发师太有权势了。

沈蒂　（对老爷爷）我敢肯定，您会证明这件事的。

孕妇　他的证词不会被采纳的，他是个痴呆。

沈蒂　（对失业者）这或许是一笔养老金。

失业者　我已经因为乞讨上了两次黑名单了。我的证词反倒对他不利。

沈蒂　（难以置信地）这样说来，你们中没有人愿意说明发生什么事了？光天化日之下他的手断了，你们大家都看到了，没人愿意说？（气呼呼地）哦，你们这些不幸的人！
你们的兄弟被暴打，你们就闭着眼睛！
当事人大声喊叫，你们就一言不发？

施暴者到处游窜，寻找牺牲者，
而你们却说：我们宽恕他，因为我们不想引起不愉快。
这是怎样一座城市，你们是怎样一群人！
当城市里出现不公正，
得有一场骚动。
没有骚动的地方，
还不如让城市毁灭，
通过一场大火，
在夜晚降临之前毁灭它！
老王，如果在场的人没人愿意做证，那么我愿意做证，告诉法官我看到了。

邢太太 这是假证。

老王 我不知道我能否接受。但是或许我必须要接受。（看着他的手，担忧地）你们觉得，它足够肿吗？我怎么觉得它似乎又消下去了。

失业者 （安慰他）不，肯定没有消下去。

老王 真的没有吗？是的，我也觉得没有，它肿得似乎又高了一点点。或许是关节断了。我最好赶快去法官那儿。（他小心翼翼端着手，目光一直看着它，走开了。）

〔邢太太走进理发店。

失业者 她进理发店拍马屁去了。

孕妇　我们没法改变世界。

沈蒂　（气馁地）我不想骂你们。我只是吃惊。不，我要骂你们。滚出我的视线！

〔失业者，孕妇和老爷爷边吃边嘟囔着下去。

沈蒂　（面向观众）

他们不回答。人们把他们放到哪里，
他们就杵在哪里。
赶快让他们腾出地方！
没什么能感化他们。只有
饭菜的香气能让他们抬头望望。

〔一位老太太跑着过来了。她是杨孙的母亲，杨太太。

杨太太　（上气不接下气地）您是沈蒂小姐吗？我儿子已经把什么都告诉我了。我是杨孙的母亲，杨太太。您能想到吗，他现在有望得到一个飞行员岗位了！今天早上，就刚才，来了一封信，是北京来的。是一个邮政飞机的飞机负责人写的。

沈蒂　那他又能飞行了？哦，杨太太！

杨太太　但是这个职位需要一笔钱，数目惊人：500块大洋。

沈蒂　这太多了。但是这事不能因为钱黄了。我还有店呢。

杨太太　如果您能做点什么的话那就太好了！

沈蒂　（拥抱她）能做到的我会尽量帮忙。

杨太太　　您会给一个有天赋的人一次机会的。

沈蒂　　我们怎能阻止一个人变得更加有用呢！（停了一会儿）只是，小店的利润实在不多，这里的200块现大洋是刚借来的。您自然可以马上拿着。我会卖掉我的存货来还钱。

〔她把两位老人借给她的钱给了杨太太。

杨太太　　哎呀，沈蒂小姐，这真是好钢用在了刀刃上。在这城里他们都已经叫他死飞行员了，因为大家都确信，他能继续飞翔的可能性就和死人开飞机的可能性一样渺茫。

沈蒂　　但是我们还要300块大洋才能得到这个飞行岗位啊。我们得想想，杨太太。（慢慢地）我认识一个人，他或许能帮上我的忙。一个曾经给我出谋划策的人。原本我不想再叫他了，因为他太严厉、太狡猾了。这必须真的是最后一回了。可是一个飞行员要飞行，这再清楚不过了。

〔远远的发动机响声。

杨太太　　如果您说的这个人能弄来钱就好了！您看，这是早晨的邮政航班，正飞往北京呢！

沈蒂　　（下定决心）您挥挥手，杨太太！飞行员肯定能看到我们！她挥舞着围巾。您也挥手！

杨太太　　（挥着手）您认识他吗？那个开飞机的？

沈蒂　　不。我认识一个即将飞行的。因为绝望应该飞走，杨太太。一个至少能飞跃困苦，一个能超越我们所有人的飞行员！

（面向观众）

杨孙，我的爱人，

空中团队的一员！

不顾风暴雨狂，

为朋友传达

来自远方友好的音讯。

幕前过场

沈蒂　（上场，手里拿着隋大的面具和衣服。唱起《神明和好人不抵抗之歌》）

在我们的国家
有用的人需要运气。
只有找到强大的帮手，
他才能一显身手。
好人没法帮助自己，
神明们无权无势。
为什么神明们没有坦克、大炮、
战舰、轰炸机和地雷？
去打垮坏人，保护好人？
这样对我们和神明都会更好。

〔 她穿上隋大的西装，用他的走路姿势走了几步。

好人
在我们的国家也好不久。
盘子空了的时候，吃饭的人就打斗起来。
哎，神灵的训诫，
也解决不了物资的匮乏。
为什么神明们不在我们的集市上现身

微笑着分发丰厚的东西?
让那些酒足饭饱的人
彼此和气，友善相待?

〔她戴上脩大的面具，用他的声音继续唱道

为了能吃上一顿午饭，
就要硬起心肠，有了强硬才能建立起财富。
不踢翻他一打，就连一个穷人都帮不了。
为什么天上的神明不大声发话
他们还欠好人一个美好世界?
为什么他们不用坦克大炮支援好人，
并且下令：开火！不要再忍受痛苦?

画外音

我是沈芾，我也是隋大。我穿着旗袍，我也套上西装。如今好人真难做！辛辛苦苦、忙忙碌碌，还不是为了吃一顿饱饭！

第五场

香烟铺子

隋大坐在柜台后看报纸，没有搭理边擦地边说话的邢太太。

邢太太　要是这一带传出某些谣言，这么小的店马上就会破产的，不信您看着。您是个规矩人，现在是时候把沈蒂小姐和黄巷子里杨孙之间的龌龊丑闻澄清一下了。您别忘了舒福先生，隔壁的理发师，他有十二所房子，仅有一个上了年纪的老婆。昨天他向我暗示，他看上沈蒂小姐了。他还向我打听小姐的财产状况呢。我觉得这是真正地爱上她了。

〔因为她没得到回答，只好提着桶出去了。

杨孙的声音　（从外面）这是沈蒂小姐的店吗？

邢太太的声音　是的。可是今天表兄在这儿。

〔隋大迈着沈蒂轻盈的步伐来到镜子跟前，刚想梳头，就从镜子里发现她是隋大的样子。他笑着轻轻转过头。杨孙进来了。在他后面跟着爱凑热闹的邢太太。她从他身边进了内室。

杨孙　我叫杨孙。（隋大躬了躬身子。）沈蒂在吗？

隋大　不，她不在。

杨孙　您对我们的关系想必已经了然于胸了。（他打量着小店。）挺不错的小店！我一直以为她在说大话呢！他满意地看着小盒子和瓷罐子。天哪，我又要开飞机了！（他拿起一支烟，隋大给他点火。）

您认为我们还能从这店里弄出300大洋吗？

隋大　容我问一句，您是打算把它卖掉吗？

杨孙　那我们有300块现大洋吗？（隋大摇摇头。）她倒是挺大方，马上就掏出了200块。但是没有300块，这200块也成不了事。

隋大　或许她答应得太快了些，要筹钱给您。她会把整个店都搭进去的。俗话说：欲速则不达。

杨孙　我要么要很快拿到钱，要么就不要了。这个姑娘不是那种明明可以的事情却要磨磨蹭蹭的人。我们俩私下说吧：到目前为止，她没有什么舍不得的。

隋大　原来如此。

杨孙　这也是为了她啊。

隋大　我可以问问吗，这500大洋是要干什么用的？

杨孙　您当然可以知道。我觉得，这样可以巧妙地得知我的情况了。北京的飞机负责人是我航空学校的一个朋友，如果我放出500大洋的血本，他就可以给我安排个位子。

隋大　这个数目恐怕太大了吧？

杨孙　不大。我的朋友得找出一个飞行员粗心大意的碴儿来，他家人

門德哈
New
煙

画外音

小烟铺里，杨孙正和隋大讨价还价。掏出五百大洋的血本钱，就能换回个航空学校的好位子和一桩美满姻缘。杨孙的算盘打得贼精贼精哩。

时局真是可怕啊。情人的抚摸变成卡脖，爱情的叹息变成惊恐的尖叫！

口多，工作也非常认真负责。您明白的。这是信任您才跟您说的，沈蒂不需要知道这些。

隋大　也许不用让她知道。只是有一点：这个飞机负责人不会在下个月也把您卖了吧？

杨孙　不会是我。我不会粗心的。我已经很久没有工作了。

隋大　（点点头）往家拉板车，饿狗跑得更快。（他审视着打量他片刻。）这个责任可是非常大啊。杨孙先生，您要求我的表妹把她微薄的财产和这个城市所有的朋友都放弃，把她的命运交到您手上。我想，您是打算和沈蒂结婚了？

杨孙　我是准备和她结婚的。

隋大　但是这爿店就卖这几个钱，不是很可惜吗？如果要急着出手，是卖不了好价钱的。她手里的那200块原本是为半年的房租准备的。您不乐意继续把店开下去吗？

杨孙　我？难道要让人看到我杨孙，一个飞行员，站在柜台后说："尊敬的先生，您是想要硬点的，还是淡点的烟啊？"这不是我杨孙的行当，这辈子都不！

隋大　请允许我再问一个问题，飞行员不是个行当吗？

杨孙　（从口袋里抽出一封信）先生，我每月有250块进项。您自己看看这封信。这儿是邮票和邮戳。北京的。

隋大　250块大洋？这不少啊。

杨孙　　那您以为我冲着什么飞啊?

隋大　　这职位貌似不错啊。杨孙先生,我的表妹委托我帮您拿到这个对您来说无比重要的职位。从我表妹的立场来看,我没有充分的理由去反对她按照内心的意愿行事。她完全有权利分享爱情的欢乐。我已经准备把这里的一切都变卖掉。房东太太米芝来了。卖店一事我想问问她的建议。

女房东　　(进来)您好,隋大先生。是房租的事儿,后天就到期了。

隋大　　米芝太太,出了些状况,我的表妹拿不定主意,要不要继续把店开下去。她打算结婚,她的未婚夫——他介绍杨孙——杨孙先生,要把她带到北京,在那儿他们要开始新生活。如果价钱合适,我就把烟草卖了。

女房东　　您要价多少?

杨孙　　300块现大洋。

隋大　　(很快地)不,要500块。

女房东　　(对杨孙)或许我可以祝你们一臂之力。(对隋大)您的烟值多少钱?

隋大　　我的表妹花了1000块,只卖出了一点点。

女房东　　1000大洋!她当然着了套了。我跟您讲,如果您后天搬出去,我就出300大洋盘下整个店。

杨孙　　就这么办。可以了,老爷!

隋大　太少了！

杨孙　这就够了！

隋大　我至少要500块。

杨孙　还要干吗？

隋大　请您允许我和我表妹的未婚夫借一步说话。（走到一边对杨孙说）这儿所有的烟已经以200块的价格抵押给两位老人了，昨天交给你的就是。

杨孙　（犹豫着）有没有立下字据？

隋大　没有。

杨孙　（停了一小会儿走向女房东）300块大洋成交。

女房东　但是我还必须要知道，你们在外面有没有负债。

杨孙　您来回答！

隋大　这个店没什么债务。

杨孙　300块大洋什么时候到手？

女房东　后天，您还可以再考虑考虑。要是你们有一个月的时间可以变卖，价钱可能高一点。我出300块，只出这些，因为事关年轻人的美满姻缘，我乐意尽一份绵薄之力。（下）

杨孙　（在后面喊）我们成交了啊！小箱子、小锅和麻袋，所有的加起来300大洋，痛苦结束了。（对隋大）或许到后天我们还可以到别处卖个高价？这样我们就可以还了那200块了。

隋大　短期内是不行啦。除了米芝太太这300块，多一块也卖不到。路上的花销和过去的安家费用你有吧？

杨孙　肯定的。

隋大　有多少？

杨孙　反正无论如何我都会弄来的，就算是偷也要偷来。

隋大　原来这样啊。恐怕得先筹措好这笔钱吧？

杨孙　别大惊小怪，跟个上了年纪的人一样，我到得了北京的。

隋大　但是两个人的花费也不少啊。

杨孙　两个人？姑娘我要留在这儿。刚过去她会成为我的累赘的。

隋大　我理解。

杨孙　您为什么这样看着我，好像我是一只不严实的油桶似的？人就得适应环境。

隋大　那我表妹要靠什么过活呢？

杨孙　您不能帮帮她吗？

隋大　我会尽力，(停顿)我想，您还是把200块大洋交到我手里，杨孙先生。先放在这儿，等您有能力把两张去北京的票拿给我看，再拿回去。

杨孙　亲爱的大舅子，我希望您不要多管闲事。

隋大　沈蒂小姐……

杨孙　您就放心把她交给我吧。

隋大　或许当她知道……她就不想卖她的店呢。

杨孙　还是会的。

隋大　您就不怕我提出异议吗?

杨孙　亲爱的先生!

隋大　您似乎忘记了，她是个人，她有理性。

杨孙　(打趣地)你的亲戚是怎样一种人，她会怎样考虑理性的作用，还真是让我拭目以待啊。您听说过爱情的力量和欲火焚身吗?您要唤起她的理智?她没有理智!相反，她一生受尽折磨，可怜的小动物!假如我把手搭在她肩上，说一句:“跟我走”，她就会像听到了钟声，连她亲娘都不认得了。

隋大　(费力地)杨孙先生!

杨孙　……先生，您叫什么都行。

隋大　我表妹对您服服帖帖，因为……

杨孙　您是想说，因为我把手伸到她的胸前吗?装满烟斗抽一根吧!(他又拿起一支烟，然后往口袋里塞了几支，最后他拿起盒子夹在胳膊下。)你别结婚时两手空空地来她这儿。到时候让她带着那300块大洋，或者你带过来，要么她，要么你!(下)

邢太太　(从小屋里探出脑袋)真让人不舒服!整个黄巷子都知道，这个姑娘被他吃定了。

隋大 （叫喊道）店完蛋了！他不爱了！破产了！我完蛋了！（他像一头困兽一样到处跑来跑去，不断重复着："这爿店完蛋了！"直到他突然停住，对邢太太说）邢太太，您是在苦水中长大的，我也是。我们行为不检点吗？不是。难道是我们不够心狠手辣吗？不，您知道的，如果您从我这儿偷了钱，我会卡住您的脖子，一直抖着你，直到把那个铜钱吐出来为止。时局真是可怕啊，这座城市就像个地狱，但是我们攀住光滑的墙壁往上爬呢。后来我们中的一个倒了霉：他恋爱了。这就够了，他完了。有一个弱点人就被挤走了。怎样才能从那么多弱点中全身而退呢？尤其是从爱情这个死穴中。爱情是不可能的！它太昂贵了！当然，您自己说，人能活着，就得时刻小心。这是怎样的世道啊？

情人的抚摸变成卡脖，
爱情的叹息变成惊恐的尖叫。
秃鹫为何在那里盘旋？
有个姑娘去幽会。

邢太太 我觉得我还是马上去请理发师来。您需要和他谈谈。他是个正直的人，他是您表妹的不二人选。

〔她没等到回答，就径自出去了。隋大又开始走来走去，直到舒福先生进来，邢太太也跟着进来，舒福先生暗示了他一下，她只得退了出去。

隋大 （匆忙迎向他）亲爱的先生，听说您看中我表妹了？让我摒弃客套的繁文缛节，打开天窗说亮话吧。因为小姐现在的处境很危险。

舒福　哦。

隋大　几小时前，我的表妹还有一家店，现在却和乞丐相差无几了。舒福先生，这家店破产了。

舒福　隋大先生，沈蒂小姐的魔力不在于她这个店的资产，而是在于她内心的善良。这一带的人给小姐起的名字就说明了一切：郊区天使。

隋大　亲爱的先生，这样的善良让我的表妹在一天之内付出了200大洋！因此得打住了。

舒福　请允许我发表点不同意见：这种善行正应该大力弘扬呢。行善是女人的天性。她每天供四个人吃饭意味着什么？我每天早晨看着她都感动极了！但是她为什么不给400个人供饭呢？我听说，她在收留几个无家可归的人时都会大伤脑筋。我牲口棚后面的那些房子是空的，她可以用。隋大先生，我冒昧希望，我这些天来考虑的主意也能得到沈蒂小姐的支持。

隋大　她听到这些高尚的主意会惊奇的。

〔老王和警察进来了。舒福转过身子去察看货架。

老王　沈蒂小姐在吗？

隋大　不在。

老王　我是老王，卖水的。您就是隋大先生吧？

隋大　是的。您好，老王。

老王　我和沈蒂关系很好。

隋大　我知道，您是她的老朋友。

老王　（对警察）您看到了吧？（对隋大）我是因为我的手来的。

警察　不可否认，它坏了。

隋大　（很快地）我看您的胳膊需要吊着。

〔他从小屋子里拿出一条围巾，扔给老王。

老王　但是这是条新围巾啊！

隋大　她用不着了。

老王　但是她是为了让某个特定的人开心才买的啊。

隋大　现在看来没必要了。

老王　（用围巾做了个环结）她是我唯一的证人。

警察　听说您表妹看到理发师舒福用烫发钳打了卖水人。您知道这事吗？

隋大　我只知道，发生这件小事的时候，我表妹本人并不在场。

老王　您弄错了！您让沈蒂出来，一切就真相大白了。沈蒂会证明一切的。她在哪儿？

隋大　（严肃地）王先生，您自称是我表妹的朋友。我的表妹现下自己也遇到了大麻烦。她被各方的人肆无忌惮地利用。以后她再小的疏忽也承受不起了。我相信，您不会要求她在您的案件中颠倒事实，而使她自己倾家荡产的吧。

老王　（迷惑地）但是我是在她的建议下去了法院的啊。

隋大　难道法官能把你治好吗？

警察　不会。但是法官能让理发师掏钱。

〔舒福转过身来。

隋大　王先生，我的原则之一就是，不要介入朋友的争端。

〔隋大向舒福躬了躬身，舒福回敬了一下。

老王　取下环结放回来，（难过地）我明白了。

警察　这样看来我可以走了。你的欺诈招致了不公，而且是一位正派的人。伙计，以后状告他人可要当心点。要不是舒福先生大人大量，你可要因为诽谤蹲牢房了。现在走吧！

〔两人下。

隋大　刚才的事情请您原谅。

舒福　他已经道过歉了。（急切地）和那位“特定的人”的那档子事——他指指围巾——真的已经过去了？完全黄了？

隋大　彻底没戏了。他也明白了。自然地，要痊愈是要过一段时间的。

舒福　她会小心的。

隋大　这是新伤疤。

舒福　她要去乡下吧?

隋大　去个几周。要是在临走前能和她信任的人把一切谈妥，她会很高兴的。

舒福　可以在吃饭的时候谈，在一家小而精致的餐厅。

隋大　私下里谈就好。我这就去通知我的表妹。她会理智的。她把这店看作是神的恩赐，为了这个小店她极度不安。您耐心等几分钟。(走进内室)

邢太太　(探进脑袋)可以恭喜您了吧?

舒福　可以了。邢太太，请您今天转告沈蒂小姐收养的那些人，我把他们安置到我的牲口棚后面的房子里去。

〔幸灾乐祸地点点头。

舒福　(站起来，面向观众)女士们，先生们，你们觉得我怎么样?还能做得比这更多吗?更加无私吗?感情更加细腻以及更高瞻远瞩吗?一顿便饭!人们一般都会觉得其间通常可以上下其手!在我这儿不会有这样的事儿，绝不会!我不会碰她一下，就是在貌似偶然的递盐罐的时候也不会!只有思想的交流。隔着桌上的鲜花，我们的灵魂一定会找到彼此。顺便提一下白色的菊花。他记了下来。不会，这儿不会利用她的艰难处境，也不会从她的失望中捞取什么好处。只有无言的理解和帮助。只消一个目光就可以轻松认可，一个一切尽在不言中的目光。

邢太太　一切就这样得偿所愿了，舒福先生？

舒福　是如愿以偿了！这儿可能会有变故。一些人要被轰走了，想把这个铺子弄垮，那是不可能的。那些想破坏这姑娘享誉全城贞洁名声的恬不知耻的家伙，我会收拾他们。关于这个杨孙您知道些什么？

邢太太　他是最脏，最懒的……

舒福　他什么都不是。没他这号人。邢太太，他不存在。

〔杨孙进来。

杨孙　这里怎么了？

邢太太　舒福先生，您要我把隋大先生叫来吗？他不想让不相干的人在这里鬼混。

舒福　沈蒂小姐正在和隋大先生谈要事，还是不要打断他们的好。

杨孙　什么？她在这里？我没见她进来啊！什么要事？我必须参加！

舒福　（阻止他进入小屋）您要耐心点儿，我的先生。我想我知道您是谁了。要知道，沈蒂小姐和我即将宣布我们订婚的消息了。

杨孙　什么？

邢太太　让您吃了一惊吧？

〔杨孙和理发师周旋起来，想要进入小屋。沈蒂出来了。

舒福　请原谅，亲爱的沈蒂，或许你可以澄清一下……

杨孙　到底是怎么一回事，沈蒂？你疯了吗？

沈蒂　　（气喘吁吁）杨孙，我表兄和舒福先生已经达成一致，我要听舒福先生的主意，去帮助这个地区的人们。（停了一下）我表兄反对我们的关系。

杨孙　　那你同意了？

沈蒂：　是的。

〔停顿

杨孙　　他们告诉你，我是个坏人？

〔沈蒂沉默。

也许我是个坏人，沈蒂。但这正是我需要你的原因。我是个卑贱的人。没钱没人品。但是我在保护自己啊。他们是在推你走向不幸，沈蒂！（他走向沈蒂，低低地说）你瞧瞧他那副样子！你没长眼睛吗？（把手放在她肩膀上）可怜的人儿，他们现在又要把你折腾到什么境地啊？带到一场理智的婚姻吗？没有我，你就是砧板上的鱼肉任人宰割了。你自己说，没有我你会不会和他走？

沈蒂　　会的。

杨孙　　跟一个你不爱的男人！

沈蒂　　是。

杨孙　　你都忘了吗？那个雨夜？

沈蒂　　没有。

杨孙　你把我从树杈间接下来，你给我买了碗水喝，答应给我钱，好让我可以重新飞翔，你都忘了？

沈蒂　（颤抖着）你要什么？

杨孙　我要你和我远走高飞。

沈蒂　原谅我，舒福先生，我要跟杨孙走。

杨孙　我们是彼此相爱的，你知道的。他带她到门边。店里的钥匙你放哪儿了？他把钥匙从她口袋里取出来交给邢太太。您弄完了就把它放到门槛上。来吧，沈蒂。

舒福　这简直就是强抢民女！（朝后面喊）隋大先生！

杨孙　告诉他，叫他别在这儿大喊大叫。

沈蒂　舒福先生，请您别再叫我的表兄了。我知道他和我意见相左。但是我觉得他不对。

（对观众）

我愿和我的所爱走四方，
我不想计较代价多大。
我不考虑这样好不好，
我不想知道他是否爱我。
我愿和我的所爱走四方。

杨孙　这就对了。

〔两人下。

序幕前过场

〔沈蒂身着结婚喜服去往婚礼路上，转身向观众。

沈蒂　刚才的经历实在是太可怕了。当我喜气洋洋满是期待地出了门，地毯店的老婆婆站在街上，颤巍巍地给我讲，她的老头子因为担心借给我的那笔钱而病倒了。她说，假如我现在无论如何能把钱还给她，那真是再好不过了。我当然答应了。她松了口气，泪眼婆娑地祝我一切都好，她请我原谅，说她没办法彻底相信我的表兄和杨孙。她走后我不得不坐在台阶上，怕得要死。我心慌意乱，重新投入了杨孙的怀抱。我无法抗拒他的声音、他的爱抚。他对隋大所讲的坏事并不能使我沈蒂得到教训。沉醉在他的怀里，我还在想着，神明也希望我对自己好一点。

不让别人沉沦腐化，
自己也要洁身自好。
赐给别人幸福快乐，
自己幸福也才圆满。

我怎么就能忘掉这两个善良的老人呢！杨孙就像一股刮往北京的小飓风，把我的小店连同我的朋友都刮跑了。但是他并不坏，而且他爱我。只要我在他身边，他就不会做坏事了。男人对男人们讲的话，是说明不了什么的。因为他要装出一副高大有力的样子，还要特别固执。如果我告诉他，那两位老人交不起税了，他就会理解。与其为了当个飞行员和干缺德事还不如去水泥厂呢。当然，飞机让他醉心。我强大到足以唤醒他内心的善良吗？现在，在去往婚礼的路上，我的心因为担心和喜悦而七上八下。

〔她快速地退场。

第六场

城郊一家廉价饭馆的偏房

堂倌给参加婚礼的人上酒。沈蒂身边站着老爷爷、孕妇、侄女、邢太太和失业者。一个和尚独自站在角落里。杨孙在前面和他母亲说着话。他穿着礼服。

杨孙　出了点不愉快的事儿，妈妈。她无辜地告诉我，她不能为我卖了店。有人来讨债，他们借给她200块钱，就是给你的那一笔钱。而她的表兄说，压根儿就没立下什么字据。

杨太太　你怎么回答她的？你当然不能娶她。

杨孙　跟她讲这些没意义，她是个冥顽不灵的人。我叫人去请她表兄了。

杨太太　他可是要她嫁给理发师的啊。

杨孙　这场婚是我要结。理发师颜面尽丧。她的表兄很快就会明白，如果我不交出这200块他的店马上就完蛋了，因为债权人就要没收它了。但是如果我弄不到另外300块，飞行员的位子也吹了。

杨太太　我到饭馆前面看看他来了没有。儿子，现在去你的新娘子那儿！

画外音

我们的好人沈蒂终于今天要成亲了。瞧，杨孙在这个时候还在和他的母亲耳语着什么，不过，这一切都不能破坏新娘当下的美意。梦想终能成真！梦想终能成真！

百年好

沈蒂　（敬酒时对观众）我没有看错他。他露出失望的表情。尽管这次沉重的打击会让他不得不放弃飞行，他仍然愉快开朗。我好爱他。（她示意杨孙过来。）孙，你还没有和你的新娘干杯呢！

杨孙　为什么举杯呢？

沈蒂　为我们的未来啊。

〔他们一饮而尽。

杨孙　那时候新郎的礼服就不用向别人借了。

沈蒂　但是新娘的礼服偶尔会被雨淋湿。

杨孙　为我们的梦想干杯！

沈蒂　希望美梦早日成真！

杨太太　（边走向邢太太边说）我太宠着我儿子了。我一再提醒他，他可以娶到任何姑娘。为什么？他学过机械，是个飞行员。他刚给我说什么来着？我是因为爱情才结婚的，妈妈，他说。钱不是万能的，这是一场爱情的结合！（对孕妇）是得这样，不是吗？但是对一个母亲来讲这太沉重，太难受。（回头对和尚说）您可不要草草了事啊。如果您花在仪式上的时间能和您讨价还价的时间一样多，那这就是一场盛大的婚礼了。（对沈蒂）我们还得再等等，我的亲爱的。一位最尊贵的客人还没有到。（对大家）大家见谅啊。（下）

孕妇　只要有酒喝，人们自然乐意等。

〔 大家坐下来。

失业者　误不了事儿的。

杨孙　(兴致勃勃地大声对客人们说) 在婚礼之前，我要对你来个小小的测试。婚礼既然决定得如此迅速，这个测试就很有必要了。(对客人) 我压根儿不知道，我娶的是一位什么样的女子。这让我不安心。比如说，你能用三片茶叶沏出五杯茶吗?

沈蒂　不能。

杨孙　那就是说我没茶喝了。你能在那边像法师读的书那么大的草褥子上睡觉吗?

沈蒂　两个人?

杨孙　就你一个。

沈蒂　那不能。

杨孙　我很吃惊，我娶的是怎样的一个女人啊。

〔所有人笑了。杨太太在沈蒂身后进了门。她耸耸肩示意杨孙，没有见到要等的客人。

杨太太　(对正在给她指着表的和尚) 您不要这样急。只不过是几分钟的事儿。我看到人们喝喝酒，抽抽烟，没人着急。(她坐在客人当中。)

沈蒂　我们不要谈谈我们的安排吗?

杨太太　哦，今天可不要谈生意! 这会给婚礼带来俗不可耐的旋律，不是吗?

〔门铃响了，所有人看向门口，但是没人进来。

沈蒂　孙，你的妈妈在等谁?

杨孙　这是给你的一个惊喜。你的表兄隋大是做什么的?我和他很能谈得来。他是一个很理性的人!有头脑!你为什么不说话?

沈蒂　我不知道，我不愿意想他。

杨孙　为什么不呢?

沈蒂　因为你不应该同他谈得来。如果你爱我，那你就不能爱他。

杨孙　那他该让三个小鬼抓去:沼泽里的淹死鬼，如坠雾里的冤死鬼和窒息而死的吊死鬼。喝酒吧，你这个死心眼!(他一再地劝她。)

孕妇　(对邢太太)这儿有什么不对劲吗?

邢太太　您在期待着另一场好戏吗?

和尚　(果断地走向杨太太，手里拿着钟)我必须走了，杨夫人。我还有一个婚礼要主持，明儿一早还有一个葬礼。

杨太太　您以为拖延时间我很舒服吗?我们原打算有一罐酒就够了。现在您看看，都快喝完了。(大声对沈蒂)我就不明白了，亲爱的沈蒂，为什么你的表兄要让人等这么久!

沈蒂　我表兄?

杨太太　　我亲爱的，但是我们等的就是他啊。我这个老掉牙的人认为，这样一个新娘的近亲必须得参加婚礼。

沈蒂　　杨孙，是为了那300块银元吗？

杨孙　　（没看她）你听到了，是为了什么的。她想法陈腐得很。我们体谅她一下。我们再等一刻钟，如果他因为三个小鬼拖去地狱不能来了，我们就开始！

杨太太　　您知道的，我的儿子得到邮政飞行员的职位了。我很开心。这些年人得多挣钱啊。

孕妇　　那该是在北京了，不是吗？

杨太太　　是在北京。

沈蒂　　孙，你必须告诉你母亲，北京是没什么出路的。

杨孙　　如果你表兄和你想的一样，他会直言不讳。直接告诉你吧：我不这样想。

沈蒂　　（惊愕地）孙！

杨孙　　我恨死四川了！什么鬼城市！你知道吗，当我半闭着眼睛的时候，我是如何看待这一切的？全都是劣马！他们悲切地把脖子高高抬起：是什么在天空中轰鸣着划过？什么，他们一无是处？什么，他们的时代已经过去了？他们会在这座劣马的城市互相咬死！天啊，我只要离开这里！

沈蒂　　但是我答应老夫妻会还给他们钱的。

杨孙　是啊，你已经告诉过我了。正因为你干了这样的蠢事，所以你的表兄过来才好啊。喝吧，这笔买卖交给我们！我们会搞定它。

沈蒂　（惊愕地）可是我表兄不会来了。

杨孙　什么意思？

沈蒂　他不在这儿了。

杨孙　那你是怎样想我们的未来的，你愿意告诉我吗？

沈蒂　我想你还有200块在手里，明天我们可以还了钱，把烟草都留下，这些值的钱更多。我们一起在水泥厂门前卖烟，因为我们交不起半年的房租了。

杨孙　想都别想，快算了吧，大姐！我杨孙一个堂堂的飞行员，竟要在大街上摆地摊，向水泥厂的工人兜售香烟！我宁愿一夜把钱花光，或者把它们扔进河里！你的表兄是了解我的。我和他谈好，他会在婚礼上带着300块钱来。

沈蒂　我表兄来不了。

杨孙　我想他不会不来的。

沈蒂　我在的地方他就不能来。

杨孙　真是神秘啊！

沈蒂　孙，你必须明白，他不是你的朋友。我才是，那个爱你的人。我表兄隋大不爱任何人。他是我的朋友，但他不是我朋友的朋友。他同意你拿走老夫妻的钱，是因为他在想着北京飞行员的职位。但是他不会带着300块参加婚礼。

杨孙　　为什么不呢?

沈蒂　　(看着杨孙的眼睛) 他说你只买了一张去北京的票。

杨孙　　是，这是昨天的事，但是看看，我今天要给他看的是什么! 他从口袋里亮出两张票的一半。妈妈没必要看到这些。这是两张去北京的机票，你的和我的。你还会认为，你表兄会反对我们结婚吗?

沈蒂　　不，这个职位很好。我也没有店了。

杨孙　　为了你我把家具都给卖了。

沈蒂　　别再继续说下去了! 别给我看机票! 我感到巨大的恐惧，我跟你走就是了。但是杨孙，我不能给你剩余的那300块，要不然两位老人怎么办呢?

杨孙　　那我怎么办呢? (停顿) 还是喝酒吧。你是胆小怕事的那类人吗? 我看不上胆小的女人。一喝酒，我就又飞起来了。你呢，你喝点酒，说不一定就能理解我了。

沈蒂　　别以为我不懂你。你想飞行，但是我却对此无能为力。

杨孙　　这里有架飞机，亲爱的，但是它只有一只翅膀。

沈蒂　　孙，为了北京的职位我们不能背信弃义。所以我要拿回从我这拿走的那200块大洋。快给我，孙!

杨孙　　“快给我，孙!”你在说些什么啊? 你还是不是我的老婆? 因为你背叛了我，你知道吗？为了幸福，也为了你，这件事已经商量好了，不能由着你了。

杨太太 （冷冷地）儿子，你确定新娘的表兄会来吗？看样子他不肯来了，因为他反对这门亲事。

杨孙 你在想什么呢，妈妈！我和他是一条心。我要把门大大地敞开，好让他过来做他朋友杨孙的傧相，而且马上就能看到我们。（他走到门边，用脚把门踢开，然后踉踉跄跄地回来，因为他喝多了，重新坐到沈蒂身边。）我们等。你的表兄可比你理智多了。按他的话来说，爱情是生存的一部分。更重要的是他知道，人财两空对你来说意味着什么！

〔 等待。

杨太太 现在来了！

〔 人们听到脚步声，所有人都望向门口，但是脚步声过去了。

邢太太 婚礼变成丑闻了，人们已经嗅到了，也感觉到了。新娘在等着婚礼开始，可是，新郎却非得等表兄先生。

杨孙 表兄需要点时间。

沈蒂 （轻轻地）哦，孙！

杨孙 兜里揣着两张机票坐在这儿，旁边是个连账也不会算的女傻瓜！总有一天你会把警察叫到家里，为了拿到那200块，我要看着那天到来。

沈蒂　（对观众）他丧尽天良，并且要把我也推下水。我是个爱他的人啊，而他却等着表兄。但是我身边都是些老弱病残，清晨他们在门口等待施舍大米，还有一个从北京来的陌生人，为了他的职位奔忙操心。他们都信任我，从而也来保护我。

杨孙　（盯着玻璃酒罐，里面的酒已经见底了）这个装酒的玻璃罐子就是我们的时钟。我们是穷人，客人要是把酒都喝光了，那就都结束了。

〔杨太太示意他不要说话，因为又听到脚步声了。

堂倌　（进来）要不要我再上一罐酒，杨太太？

杨太太　不用，我想这就够了。你的酒只会让人发热，是不是啊？

邢太太　酒肯定也很贵啊。

杨太太　我一喝酒就冒汗。

堂倌　能请您付账呢？

杨太太　（不理他）请诸位再等等，亲戚应该就在路上了。（对堂倌）别打搅我们的喜事！

堂倌　不付账我可不能让你们走。

杨太太　这儿谁都认识我！

堂倌　正是这样。

杨太太　今天这样的服务真是闻所未闻！你怎么看，儿子？

和尚　　我告辞了。(迈着坚实的步子下场。)

杨太太　　(绝望地)大家安静坐会儿!大师一会儿就回来。

杨孙　　算了,妈妈。各位来宾,大师走了,我们也就不便再挽留大家了。

孕妇　　走,爷爷!

爷爷　　(先喝完了杯中的酒)为新娘干杯!

侄女　　(对沈蒂)您别生气,他是好意,他很喜欢你。

邢太太　　这事儿真是丢人!

〔所有客人下场。

沈蒂　　我也该走吗,孙?

杨孙　　不,你等等。(他拉住她的新娘礼服,歪歪地坐下来。)这不是你的婚礼吗?我在等,老人也在等。无论如何她都期待着我像云中的鹰隼试翼。自然地,我现在相信这是泡影了,当她站在门前,不会看到我的飞机在她的房子上空轰鸣了。(向着空空的座位望去,仿佛客人们还没走。)女士们,先生们,怎么不聊天了?你们不喜欢这儿吗?婚礼只是推迟了一小会儿,因为要等重要的客人,因为新娘不知道,爱情是什么。为了让大家愉悦一下,我,新郎官,要给大家唱首歌。

(他唱着《神圣的不可实现日之歌》)

连躺在破摇篮里的孩子都听说过,

有那么一天，
穷女人的儿子坐上黄金宝座。
这一天就叫作神圣的不可实现日。
在这神圣的不可实现日里，
他坐在黄金宝座。
这一天，好人被补偿，
恶人魂魄扬。
功劳和功绩换来笑脸迎，
他们换来面包和油盐。
在神圣的不可实现日里，
他们换来面包和油盐。

青草在天空中朝下看，
泥沙向上卷起河流。
人们全变成好人，
他们无须多做什么，地球便成了天堂。
在神圣的不可实现日，
地球变成了天堂。

在这一天我成了飞行员。
而你变成了头儿。
你这个男人找寻许久终于得到工作，
可怜的女人你得到安宁。
在神圣的不可实现日，

可怜的你得到安宁。

因为我们无法再等，
就是说，这一切
不是晚上七点半或八点才出现，
而是在公鸡打鸣时已经有。
在神圣的不可实现日，
公鸡第一次鸣叫的那时。

杨太太 他不会来了。

〔三人坐着，两人看向门口。

过场

卖水老王的容身之处

神明们再次出现在卖水人的梦里。他在一本大书上睡着了。音乐响起。

老王 真好，你们来了，神明们！允许我问一个深深困扰我的问题。我在一个牧师倒塌的房屋里发现一本书。牧师搬走了，去水泥厂做工了。在这本书里我发现一处奇怪的地方。我念给您听一听。书里说：

〔他用左手翻开一本想象中的书，他怀里则有一本真正的书。他让真正的书丢在一旁，高高举起想象中的书念起来。

老王 在宋国有一个叫垛海的地方。那里高大的楸树、柏树和桑树枝叶繁茂，郁郁葱葱。现在，一两拃粗的树被砍下来做狗笼柱子。两三英尺的被有钱人家砍下做棺材板。七八英尺的被砍下用作豪华别墅的大梁。因此，这些树木都没能长足年份，而是在生命之半就被斧砍锯拉。这是因为有用带来的痛苦。

神仙一 这样说来无用便是最上的了。

老王 不，是最幸运的。最糟的便是最幸运的。

神仙一 这书上尽写了些什么啊！

神仙二　为什么这个比喻令你如此动容，卖水人？

老王　是因为沈蒂，神明们！她的恋爱失败了，因为她遵循博爱的信条。或许对这个世界而言，她真的善良过头了，神明们！

神仙一　胡扯！你这软弱的可怜虫！貌似虱子和怀疑把你啃得只剩一半了。

老王　确实是。神明们！请原谅，我只是想，或许你们可以插手一下。

神仙一　没门。我们这儿的朋友（他指指被打得鼻青脸肿的神仙三），昨天才插手了一场争端，你看到后果了吧。

老王　但是表兄又得被叫来了。他是个不同寻常的聪明人，我自己亲身体验过，可他也无能为力。这个店已经完蛋了。

神仙三　（不安地）没准儿我们可以帮帮忙？

神仙一　我认为她应该自救。

神仙二　（严厉地）境况越是糟糕，越能显示好人的善良。困境磨炼人！

神仙一　我们所有的希望都寄托在她身上了。

神仙三　我们的寻找不太顺利。这儿或那儿我们找到一些善良的萌芽，令人开心的愿望，许多高尚的原则，但是这些并不等于就是一个好人。假如我们在半路上遇到一个好人，他过得也不是人的日子。（悄声地）晚上住的地方尤其糟糕。你可以从黏在我们身上的这些稻草看出，我们是在什么地方过夜的。

老王　只是一件，至少你们可以……

画外音

我们是神仙，我们是最敏锐的观察者。无论如何我们都相信，好人自会找到自己的出路。一切都会变得好起来……

我们应该相信，我们必须相信，我们只能相信，一切都会变得好起来……

神明们　什么也不能。——我们只是观察者。——我们坚信，在这个黑暗的世道上，我们的好人会自己找到一条路。——他们的力量会随着负担的加重而增长。等着吧，卖水人，你会看到，一切都会好起来……

〔神明的尊像越来越模糊，他们的声音越来越弱。他们消失不见后，声音也停止了。

第七场

沈蒂烟店的后院

一辆车上放着一些家什，沈蒂和邢太太从晾衣绳上拿衣服。

邢太太 我就不明白了，为什么您不拼命保住你的店。

沈蒂 怎么个保法？我连房租都没有。老两口的200块我今天必须还回去，但是我已经把钱给了别人，我只好把烟店卖给米芝太太。

邢太太 那么一切都没了！没男人，没店铺，也没什么积蓄！人们要像我们一样做好事，就会落得这样的下场。那你靠什么过活呢？

沈蒂 我不知道。或许我可以去分拣烟草赚几个钱。

邢太太 隋大先生的裤子怎么会在这儿？他肯定是光着屁股离开这儿的。

沈蒂 他还有别的裤子。

邢太太 我想你曾说过，他永远走了？为什么他把自己的裤子留在这儿了？

沈蒂 或许他不用了。

邢太太　　不要把它包起来吗？

沈蒂　　不用。

〔舒福冲了进来。

舒福　　什么都不要说。我什么都明白。您牺牲了幸福的爱情，以免信任您的两位老人不要破产。在这个缺乏信任、敌意重重的地方，没有白白赐予您"郊区天使"的称号。您的未婚夫没法和您的高风亮节相比。您离开了他，现在，您要把这个那么多人的小小避难岛的店给关了！我不能无动于衷。从我的店门里我每天都看到那一群穷人在您的店前，而您亲自给他们分米。这要永远成为过去了吗？善行要消亡了吗？请允许，我对您的善行助一臂之力！不，什么都不要说！我不要保证。不要任何您接受我帮助的许诺！但是这儿（他掏出一本支票簿，签了一张支票放在车子上）我给您签了一张空白支票，您想填多少就写多少。我走了，静静地，满足地，没有任何要求，从头到脚满是敬意，忘我无私。（下）

邢太太　　（检查着支票）您得救了！像您这样的人真是有福气，您总能找到一个冤大头。快拿着啊！填上1000大洋，我拿着它跑去银行，趁着他还没回过神来。

沈蒂　　您把衣服篮子放到车上吧。洗衣服的钱即使没有支票我也还付得起。

邢太太　　什么？您不愿意接受支票？罪过，罪过！只是因为您觉得这之后您就要嫁给他吗？这纯粹就是无稽之谈。这样的人我们正好牵着他的鼻子走！这简直开心死了。您还要吊死在飞行员这一棵树上吗？整个黄巷子和这一带的人都知道，他是怎么对您的。

沈蒂 这都是因为出于无奈。

（面向观众）

夜里梦见他腮帮鼓：

他们是坏人。

清早拿衣对光照，

衣服磨破露窟窿。

看到他狡黠的笑容我心害怕，

但是一看他磨破的鞋子，我就无比心疼。

邢太太 您现在还在替他说话？这样疯狂的事情我还没见过呢。（生气）如果您离开这个地区，我倒要松口气了。

沈蒂 （取衣服的时候摇摇晃晃）我有点头晕。

邢太太 （帮她拿过衣服）您一走动或者弯腰就经常头晕吗？如果是这样，那可别把孩子生在路上啊！（笑道）他骗了您！如果真是这样，那这张大额支票可就要吹了！他是不会想到这些事的。

（她拿着篮子走到后面。）

〔 沈蒂一动不动地看着她。然后她观察着自己的身体，抚摸着，一阵巨大的喜悦浮上脸庞。

沈蒂　（轻轻地）哦，太高兴了！一个小小的生命在我肚里成形。现在还看不出什么，但是他已经在这儿了。世界在冥冥之中等待着他。城里都已经流传开：现在来了个人们可以指望的人。

（她假想把她小小的儿子介绍给观众：一个飞行员！）

无名的山川和无边的地方，
问候一个新的主宰。
一个将邮件
穿过无法逾越的沙漠
传达给人们的人。

〔她开始来回踱着，把她小小的儿子拉在手里。

来吧，儿子，看看这个世界！这儿，这是一棵树。鞠一躬，向它致敬。（她鞠了一躬。）

好，现在你们互相认识了。听啊，那边卖水人过来了。是一个朋友，把手伸给他。别担心。“请给我的儿子来一碗清水。天热了”。（她给他杯子。）啊呀，警察来了！我们绕一下。或许我们在财主费鹏的花园里能摘到几个樱桃。也就是说，不能让人看到。过来，没爹的孩子！你也想要樱桃啊！轻点，轻点，儿子！（她小心翼翼地，环视着四周行进。）别走了，就在这附近，这儿有草丛遮掩。不行，在这种情况下不能拔腿就跑。（他似乎要拉走她，她反抗着。）我们要理智点。突然她顺从了。好吧，如果你只是想跑掉的话……（她举起他。）你能够到樱桃吗？放到嘴里，那里更容易保存。（她自己吃了一颗他塞到她嘴里的樱桃。）好吃极了。见鬼，警察来了。现在快跑。（她逃之大吉。）那边是街道。现在放心吧，慢慢走，别惹人注意。就像什么事也没发生一样……（她唱着歌和孩子散步。）

一个李子没来由地
朝一个流浪汉袭来。
但是这个男人特别灵敏，
一口就将李子吞进嘴里。

〔卖水老王过来了。他手里领着一个小孩。他惊愕地看着沈蒂。

沈蒂　（接着老王的咳嗽声说）啊，老王，你好啊。

老王　沈蒂，我听说你最近不太好，甚至不得不卖掉店还债。但是这儿有个孩子，无家可归。他在屠宰场跑来跑去。他好像是木匠林度的孩子，几周前林度把他的木匠铺子输掉了，打那以后就酗酒。他的孩子饿着肚子到处游窜。对他们该怎么办啊？

沈蒂　（把孩子从老王手里接过来）过来，小家伙。（对观众）嘿，你们听着！这儿有人在乞求容身之所。一个明天的人却在乞求今天！他的朋友，你们认识的那个主宰者，答应了他的乞求。

（对老王）他可以好好住在舒福先生的棚子里，我或许也要去那里。我自己也要生孩子。但是不要透露出去，要不然杨孙知道了，他就不要我们了。到下城找找林度先生，告诉他，让他上这儿来。

老王　太谢谢了，沈蒂。我知道你会找到地方的。（对孩子）看到了

画外音

木匠林度的孩子饿着肚子到处游窜，埋头在垃圾桶里找食吃。天呐，怎会有人如此对待自己的孩子，孩子又怎会生在这样的世界？

吗，一个好人总是知道出路。我跑快一点去叫你的父亲。（他想走。）

沈蒂　哦，老王，我现在又想起来，你的手怎么样了？我本来要践行誓言的，但是我表哥……

老王　别担心我的手。你看，我已经学会不用右手干活了。我几乎不需要它了。（他给沈蒂看，他怎样不用右手也能使唤他的担子。）看，我是怎么弄的。

沈蒂　但是别让手僵硬了！把这辆车推去，卖了所有的东西，拿着钱去看医生吧。我很惭愧没能帮上忙。我接受了理发师的棚子，你该会怎么想！

老王　无家可归的人现在可以住在那儿了，你自己也是，这比我的手要重要得多。我现在去叫木匠。（下）

沈蒂　（朝他喊）答应我，你会和我一起去看大夫！

〔邢太太回来了，一直给她使眼色。

邢太太　您疯了吗？连这辆车，和您仅剩的东西也要送出去？他的手关您什么事？如果理发师知道了，他会把您逐出棚子的，这是您能得到的唯一容身之所。您还没有付我洗衣的钱呢！

沈蒂　为什么您这么恶毒？

（对观众）

逼迫身边的人，

难道不狠心？额上的青筋，

因为疲劳鼓出，那是你太贪婪。
伸出一只手容易，接受也不难。
只是贪婪地抓住东西却要费力
啊，给予，是多么诱惑！
与人为善是多么惬意！
一句好话犹如愉快地舒口气。

〔 邢太太生气地走开了。

沈蒂 （对孩子）在这儿坐着，等你爸爸来。孩子坐在地上。

〔 一对上了年纪的夫妇来到院里，在沈蒂开张的那天他们曾来拜访过她。两人扛着一个大麻包。

女人 你一个人吗，沈蒂？

〔 沈蒂点了点头，女人喊她的外甥进来。他也扛着一个大麻包。

你表哥呢？

沈蒂 他走了。

女人 他还会再来吗？

沈蒂 不，我不开店了。

女人 我们知道。所以我们来了。我们这儿有两个装满烟叶的大包，是别人欠我们的。我们想求求您，把它和您的行李一起搬到您的新居去。我们没地方把它们搬过去，带着这些东西在大街上实在是太碍眼了。我想，在我们在你的店里遭受了如此不幸后，你不会拒绝这点小事吧。

沈蒂　　我很乐意为你们做这事儿。

男人　　如果有人问你，这些麻包是谁的，你就说，这是你的。

沈蒂　　谁会问我呢？

女人　　（尖刻地看着她）比方说警察。他对我们有成见，跟我们作对，想让我们破产。我们要把麻包放到哪儿呢？

沈蒂　　我不知道，现在我也不想做会把我丢进监狱的事情。

女人　　反正这对你是一码事。我们也会损失这两个装满烟叶的大包。这是我们从我们的财产中救出的所有东西了。

〔沈蒂固执地一声不吭。

男人　　你想想，这些烟叶我们可以当作本钱交给一家小工厂。然后我们就能发家了。

沈蒂　　好吧，我愿意为你们储存大包。暂时我们先把它放在棚子里。

〔她和他们进去。孩子看着他们。现在可以了，他怯怯地望着四周，来到垃圾桶边翻来翻去，然后开始吃起来。沈蒂和另外三个人回来了。

女人　　你明白的，现在我们全靠你了。

沈蒂　　是的。（她看着孩子，骇住了。）

男人　　后天我们去舒福先生的家找你。

沈蒂　　现在快走，我很不舒服。

〔她把三人推走，三人下。

〔孩子饿了，他在垃圾桶里找吃的。

〔她抱起孩子，在一段话中表达出她对穷孩子经历的惊愕，孩子给观众展示着他黑乎乎的小嘴。她显出决绝的样子，决不这样无情地对待自己的孩子。

噢，儿子，噢，飞行员。
你来到什么样的世界？
他们也要让你在垃圾桶觅食吗？也让你？
看看这黑乎乎的小嘴！她指指孩子。
你们是怎样对待自己孩子的！
你们对自己身上掉下的骨肉没有感情？
对自己也毫无同情？你们这些可怜虫！
所以我至少要保护我自己的孩子，
我要变成老虎。就从此刻
我目睹这一幕，要和所有这些人一刀两断
直到我的孩子被解救，绝不罢休。
至少要保护他！
我在这臭水沟和学校里学到的
就是拳头和欺骗，现在
我要用来保护你，儿子，对你
我满怀爱意，对别人
我是老虎和野兽，

若是必要，
我必如此。

沈蒂　（下场时）这次必须这样做，我希望，这是最后一次。

〔　她拿着隋大的裤子。正好邢太太回来了，好奇地望着她。孕妇和老爷爷进来。

孕妇　店关了，家什物件满院都是！就这样完了！

邢太太　这就是轻浮行事、追求肉欲和自私自利的结果！车子是要去哪儿？往下！去舒福先生的棚子里，去你们那儿！

孕妇　她会吃惊的！我们正是来倒苦水的。到处是湿漉漉的老鼠洞和松踏踏的地面！理发师把棚子给我们只是因为里面的肥皂都已经发霉了。“我给你们找了个容身之所，你们觉得怎么样？”不要脸！我们说。

〔失业者进来了。

失业者　沈蒂要搬走，是真的吗？

孕妇　是真的，她想神不知鬼不觉地溜走。

邢太太　她破产了，也够丢脸的。

失业者　（激动地）她得找她表哥来！她叫来表哥，大家就都得救了！也只有他还能力挽狂澜了。

孕妇　这是个大实话！他小气到家了，但是无论如何他能挽救她的店，有店之后她好布施啊。

失业者　我不是为我们自己着想，我是为她。但这也是对的，为我们自己着想也必须把她表兄叫来。

〔老王和木匠一起进来。手里领着两个孩子。

木匠　我真不知道该如何感谢大家。（对别人）我们该找一处房子。

邢太太　在哪儿？

木匠　在舒福先生的房子里！小冯就是那个让房子焕然一新的人。你在这儿啊！“这是个来乞求安身之所的人”，沈蒂小姐准会这样说，然后她马上就给我们弄个住处。去谢谢你们的哥哥，你俩！

〔木匠和他的孩子滑稽地给孩子鞠了一躬。

这是我们的谢意，提供安身之所的人！

〔进来的是隋大。

隋大　我想问一问，你们大家都在这儿干什么？

失业者　隋大先生！

老王　你好，隋大先生。我不知道您回来了。您认识木匠林度的。沈蒂小姐答应在舒福先生的家里给他安排个住处。

隋大　舒福先生的房子没有空余。

木匠　那我们不能住在那儿啦？

隋大　是的，这个地方答应给别人了。

孕妇　这就是说我们也必须搬走了?

隋大　恐怕是。

孕妇　但是我们大伙儿该上哪去?

隋大　(耸耸肩)沈蒂小姐出门去了,我想她并没有打算完全弃你们于不顾。但是以后一切要安排得更合理些。不劳而获可是要刹住了。取而代之的是,你们每个人都有机会身体力行地干活去。沈蒂小姐决定,给你们每个人一份活儿。现在,那些打算跟着我住进舒福先生的家里的人,不会一无所得的。

孕妇　是不是说我们大家现在都要为沈蒂干活了?

隋大　是的。你们要加工烟草。里面棚子里有三包烟叶,去拿出来!

孕妇　您可别忘了,我们曾经自己就是开店的。我们宁肯为我们自己干活。我们自己有烟草。

隋大　(对失业者和木匠说)或许你们愿意为沈蒂干活,因为你们没有自己的烟叶?

〔木匠和失业者垂头丧气地进去。女房东来了。

女房东　现在,隋大先生,还卖不卖了。我这儿有300块。

隋大　米芝太太,我决定不卖了,而是要签租房协议。

女房东　什么?突然之间您就不需要为飞行员筹钱啦?

隋大　不用了。

女房东　那么你有钱交房租吗?

隋大　(从装家什的车上取下理发师的支票填起来)我这儿有一张一万块的支票,是舒福先生开的,他对我的表妹很有心意啊。您看好了,米芝太太!下半年的房租晚上六点之前您就能拿到手。那么现在呢,米芝太太,您同意我继续我的生计了吧。我今天很忙,请您见谅。

女房东　舒福先生步飞行员的后尘!一万块大洋!现在姑娘们翻手为云覆手为雨,轻浮放荡,水性杨花,真是让我震惊啊,隋大先生。(下)

〔木匠和失业者搬来麻袋。

木匠　我不明白我为什么要为您扛麻袋。

隋大　我自己知道就足够了。你的儿子在这儿胃口真是好啊。他要吃饭,林度先生。

孕妇　(看着麻包)我姐夫来过这里?

邢太太　是啊。

孕妇　这就对了,我认得这些麻袋,这是我们的烟叶!

隋大　你最好不要这么大声。这是我的烟叶,你亲眼所见,他们在我的棚子里。如果您怀疑的话,我们尽管到警察局去消你的疑虑。您想去吗?

孕妇　(恶狠狠地)不想。

四川好人

隋大　看来您根本就没有自己的烟叶。这种情况下您也许会抓住沈蒂小姐递来的救命稻草吧？您现在有没有心为我指一指去舒福先生家的路啊？

〔隋大拉着木匠最小的孩子下场，后面跟着木匠，他的另外的孩子，孕妇，爷爷和失业者。孕妇，木匠和失业者拖着麻袋。

老王　他不是坏人，可是沈蒂是好人。

邢太太　我不知道。晾衣绳上少了条裤子，表兄恰好穿着它。这里面一定有玄机。我想知道，是什么玄机。

〔两位老人进来了。

老婆婆　沈蒂小姐不在吗？

邢太太　（心不在焉地）出去了。

老婆婆　这就怪了。她要给我们东西的啊。

老王　（痛苦地看着他的手）她也想帮我的。我的手僵硬了。她一会儿肯定就回来了。表兄一向都只待一小会儿。

邢太太　是啊，可不是吗？

过场

老王的住处

音乐。梦境中老王向神明们诉说自己的忧惧，三位神明还在漫长的云游途中。他们面露倦容。停了一小会儿，他们的头转向老王。

老王 诸位神明，您们的出现把我惊醒了，之前我正在做梦。梦见我亲爱的姐妹沈蒂遭遇困境，在河中的芦苇上挣扎，就是很多人自寻短见投河自杀的地方。她在那儿奇怪地摇来晃去，脖子弯曲着，好像拖着什么柔软的东西，但是又很重，要把她压得陷到泥里去了。我朝她喊，她回应说，她要把写满训诫的经书带到对面，还不能把它打湿，要不然字迹就模糊了。我坚决强调：我在她肩膀上什么也没看到。但是我惊恐地记起来，有一次你们找不到下榻处为难万分，哦，真是惭愧！是沈蒂收留了你们，作为感谢，你们给她讲了伟大的美德。我敢肯定，你们能理解我对她的担忧。

神仙三 你有什么建议？

老王 稍微减轻一点点戒律，神明们。把那经书上的戒律放松一点吧。行行好，看在时局艰难的分上。

神仙三　若要这样，老王，那要怎么办呢？

老王　比方说，用友好代替爱，或者……

神仙三　但是这样就更沉重了，你这个不幸的人！

老王　或者用合理代替正义。

神仙三　但是这就意味着更多的劳动！

老王　那就干脆舍弃名誉，只求灵便练达！

神仙三　但是这样就更多了，你这个灰心丧气的人！

〔他们疲倦地继续云游。

第八场

隋大的烟草工厂

隋大在舒福先生的棚子里开了一家小烟草工厂。栅栏后面好几家子的人拥挤在一起蹲着，尤其是孩子和女人。这之中有孕妇、爷爷、木匠和他的孩子们。

〔 杨太太走到台前，她儿子杨孙跟在后面。

杨太太 （面对观众）我得告诉大伙儿，深孚众望的隋大先生是怎样用智慧和严厉让我儿子从堕落走上正路的。众所周知，隋大先生在这个牲口棚附近开了一家烟草工厂，虽然很小，生意却蒸蒸日上。三个月前，我和我儿子去那里找他。等了一小会儿后他接待了我们。

〔 隋大从工厂里向杨太太走来。

隋大 您有何贵干，杨太太？

杨太太 隋大先生，我想替我儿子跟您求个情。今天早上警察来我家了，他们告诉我说，您以沈蒂小姐的名义控告我们悔婚和诈骗200块大洋。

隋大 完全正确，杨太太。

杨太太 隋大先生，看在老天爷的分儿上，您能不能发发善心？钱已

煙
煙草公司
Tobacco companies

画外音

烟草工厂厂主隋大如今也俨然变成了富甲一方的小资本家，虽然苛责工人的态度当真是些许的讨人厌，可也用严厉和智慧把败家子杨孙的潜力发掘出来……该说什么呢？

经花光了。飞行员职位的计划落空后，他在两天内就把钱花了个精光。我知道他是个败家子。他连我的家具也卖光了，想丢下他的老母亲独自去北京。她哭了。沈蒂小姐曾经很是看重他啊。

隋大 杨孙先生，你有什么要对我说的？

杨孙 （阴沉沉地）我已经没钱了。

隋大 杨太太，我这个表妹出于一些我搞不懂的原因，对你这个不成器的儿子还心存恻隐，所以我打算再试试看。她对我说，她希望你的儿子能够踏实干活，改邪归正。他可以在我的工厂里有个职位。那200块大洋可以慢慢从他的工资里面扣除。

杨孙 那么我不是进监狱，就要来工厂喽？

隋大 看您怎么选吧。

杨孙 我不能再和沈蒂谈谈吗？

隋大 不行。

杨孙 我干活的地方在哪儿？

杨太太 万分感谢，隋大先生！您真是太好了，神灵会保佑您的。

（对杨孙）你误入歧途，现在努力，规规矩矩干活，给你妈妈争口气。

〔杨孙跟着隋大走进烟厂。杨太太重新回到台前。

杨太太　　（面对观众）头几周对我的儿子万分艰难。这件工作不合他的意。他很少有机会崭露头脸。直到第三周一件小事儿帮了他。那会儿他和从前的木匠林度要扛麻包。

（杨孙和从前的林木匠每人扛着两个麻包。）

林木匠　　（气喘吁吁地停下来，放下一个麻包）我扛不动了。我这个年纪干不了这样的活儿。

杨孙　　（也坐下来）你为什么干脆不把这两个麻包丢到一边去？

林木匠　　那我们靠什么生活呢？我得有最起码的东西喂我的孩子啊。要是沈蒂小姐看到这一切就好了！她是个好人。

杨孙　　她不算最坏的。要是境遇不这么苦，我和她应该是情投意合的一对儿。我好想知道，她在哪儿。我们最好还是继续干活吧。这个时候他常常会过来。他们站起来。

（杨孙看到隋大过来了）把那个包弄到这儿，你这个废物！杨孙又接过林度的一个麻包扛了起来。

林木匠　　太谢谢了！是啊，假如沈蒂小姐在的话，如果他看到你给一个老人伸出援手，她会马上对你青眼有加的。哎，可惜啊！

〔隋大进来了。

杨太太　　（面对观众）隋大先生自然一眼就能看出，不怕苦不怕累的好工人是什么样的。他要插手啦。

隋大　　停下，你们俩！怎么回事？你怎么只扛了一个麻袋？

林木匠　我今天有点累了，隋大先生，杨孙他很善解人意……

隋大　伙计，那你回头扛3个麻包过来。杨孙能干的你也能干。杨孙好意，你却无情。

杨太太　（以前的木匠又扛起另外两个麻包，面对观众）隋大先生没有一句话是说给杨孙的，但是他心里明得镜儿似的。下周六结工资的时候……

〔支起一张桌子，隋大带着一小包钱上场。旁边站着监工，以前的失业者，隋大在发工资。杨孙走向桌前。

监工　杨孙——六块大洋。

杨孙　不好意思，应该是5块，只有5块大洋。他拿起监工手里握着的单子。您看，这里记错了，写着6个劳动日，有一天我没上工，因为上法庭了。（假惺惺地）不是我该得的钱我不会要的，即使这工资实在微不足道。

监工　哎呀，是5块大洋啊！（对隋大）真是稀罕，隋大先生！

隋大　如果只干了5天活儿，为什么上面会写着6天？

监工　隋大先生，一定是我糊涂了。（冷冷地对杨孙）以后不许再发生这种事情了。

隋大　（示意杨孙到边上）我最近发现，您满身都是力气，也肯为工厂不遗余力。今天我看到，您还是个诚实的人。监工是不是经常迷糊，损害工厂的利益啊？

杨孙　他在工人中有熟人，被他们当作自己人。

隋大　我明白了。他是在“假公济人”啊。您想不想要这份额外的奖金？

杨孙　不。但是或许我可以提一句，我还是一个聪明练达的人。您知道，我受过教育。这个监工和工人们的关系处得很好，但是像他这样没受过教育的人不会明白，工厂需要什么。请您给我一周试用期，隋大先生，我想我可以向您证明，对工厂我的智慧远远比我的体力有价值。

杨太太　（面对观众）这话真是别出心裁。但是那天晚上我对我儿子杨孙说：“你是个飞行员。给别人看看，即便在你现在劳动的地方你也能一飞冲天！飞吧，我的鹰！”事实上，教育和智慧确实能成就大业！没有知识和教育人怎能跻身上流呢？我的儿子在隋大先生的工厂里确实干出了一番事业啊！

〔　杨孙叉开双腿站在干活的工人后面。他们在头顶上传递烟叶篮子。

杨孙　你们这哪里是在干活？传篮子要机灵点！（对一个孩子）你坐到地上去，这样你就不用占一个位子了！你就干这边的活，把烟叶压瓷实，就你，那边！你们这些懒虫，不好好干活，我凭什么付工资？篮子传快点！真是见鬼！老头子也去那边，让他只和孩子们摘烟叶去！总是在这儿磨磨蹭蹭！跟上大家的节奏！他用双手打着节拍，篮子传得更快了。

杨太太　（对观众）旁边那些没文化的家伙最好不要对我儿子攻击谩

骂，因为让我儿子停止履行职责，这是不可能的。

〔一个工人哼起《八头大象之歌》。别人加入了重唱。

秦老爷有七头大象，
那边还有第八头。
七头桀骜不驯，第八头温顺如羊。
他就是监管另外那七头的主儿。
跑快点！
秦老爷有一片树林，
天黑前要把树林开垦完。
黑夜不久就要降临。

七头大象开垦树林，
秦老爷高高骑在第八头大象上，
第八头整天晃悠悠在监工，
查看其他大象的进展如何。
跑快点！
秦老爷有一片树林，
天黑前要把树林开垦完。
黑夜不久就要降临。

七头大象不想再干，
拔树已经拔得厌倦。
秦老爷发怒了，对七头大象恶狠狠，
给第八头大象一斗米。

这是怎么个意思?
秦老爷有一片树林,
天黑前要把树林开垦完。
黑夜不久就要降临。

七头大象没有牙
只有第八头的牙齿还完好。
它放肆攻击另七头。
秦老爷站在后面笑眯眯,
继续干啊!
秦老爷有一片树林,
天黑前要把树林开垦完。
黑夜不久就要降临。

〔隋大悠然自得地闲逛着,抽着一支烟向前走来。杨孙笑着一起唱着第三段歌,最后一段的时候加快速度击掌。

杨太太 (对着观众)我们真不知道该怎样感谢隋大先生。他几乎不用动一下手指头,但是用严厉和智慧就把杨孙潜在的好处都发掘出来。他不像他那个众口铄金的表妹,天花乱坠地许诺了一大堆,而是逼他去老老实实干活。今天的杨孙比起三个月前真的是判若两人了。大家都赞同这一点吧!老人们说得好,"君子若钟,击之则鸣,不击则平"。

四川好人

第九场

沈蒂的烟店

烟店变成了办公室，摆着沙发椅，铺着漂亮的地毯。天下着雨。隋大，现在发福不少，正在告别地毯商夫妇。邢太太饶有兴趣地看着。她的衣着焕然一新，惹人注目。

隋大　实在抱歉，我也说不准她什么时候回来。

老婆婆　我们今天收到一封信，汇来200块银元，就是我们借出去的那一笔。上面没写邮寄人。但是这封信很有可能是从沈蒂那里寄来的。我们很想给她写信，她的地址在哪里？

隋大　可惜我也不知道。

老头子　我们走吧。

老婆婆　她肯定会在什么时候回来的。

〔隋大鞠了一躬。老夫妻惴惴不安地下。

邢太太　他们收到欠款太晚了。现在他们的铺子已经没了，因为他们交不起税。

隋大　为什么他们不来找我？

邢太太　他们可不爱去你那儿。他们先是等着，想着沈蒂可能会回来，因为他们没有立下什么字据。在艰难的日子里老头发烧了，老婆子没日没夜地守着他。

隋大　（因为感到不适，只得又站起身）我又开始头晕了！

邢太太　（她扶着他）您已经有七个月的身孕啦！可是激动不得的。您有我帮忙，应该庆幸呢。没人帮忙可应付不过来。我会在您艰难的时刻支撑您的。她笑了。

隋大　（无力地）那我能指望您了，邢太太？

邢太太　还用说嘛！小事一桩。解开领子，这样会轻松点。

隋大　（苦恼地）邢太太，这一切都是为了这个孩子。

邢太太　为了孩子。

隋大　只是我胖得太快了，这样太显眼了。

邢太太　心宽体胖嘛。

隋大　小孩生下来要怎么办呢？

邢太太　这个问题你每天都要嘀咕三遍。孩子托给人照顾，多花点银子就能照顾好了。

隋大　是的。（害怕地）他绝不能见到隋大。

邢太太　绝不会，让他只看到沈蒂。

隋大　可是这地方的流言蜚语！卖水老王总是胡说八道！人们在暗中窥伺这店！

office
SUIDA 办公室

画外音

烟店变成了烟厂的办公室，也布置得妥妥贴贴、体体面面。发福了的隋大一边招呼各路客人，一边担心着自己时刻就要暴露的身孕。

既要为人母，又要扮恶人。可爱的好人与可恶的商人怎能都扮演得游刃有余？身兼两职着实痛苦，真是难煞了沈芾我！

邢太太　只要理发师不明就里，那就不会有事。您喝口水吧。

〔 杨孙进来，穿着时新的西装，夹着商人皮包。他吃惊地看着隋大靠在邢太太怀里。

杨孙　打搅了。

隋大　（吃力地起身蹒跚着走到门边）明天见，邢太太！

〔 邢太太戴着她的手套，微笑着下场。

杨孙　手套！哪来的，怎么回事，干什么用的？她在敲诈您什么吗？（因为隋大没有回答）您也对这种微妙的感情动了心？奇了怪了。（他从公文包里拿出一张纸。）不管怎么说您已经不是过去的您了，身体也大不如前。脾气差，优柔寡断。您病了吗？生意每况愈下。警察局又来了公文。他们要关闭工厂。他们说，他们最多只能允许每个屋子容纳的人比规定的人数多一倍。您必须采取措施了，隋大先生！

〔 隋大心不在焉地望了他片刻，然后走进内室，拿着一个袋子出来。他从袋子里抽出一顶新的瓜皮小帽，扔在写字台上。

隋大　公司希望他的代理人穿得体面些。

杨孙　这是您给我买的吗？

隋大　（淡漠地）试试看，合不合身。（杨孙诧异地看着，坐下来。隋大端详着，给他把帽子戴正。）

杨孙　我是您的下人，但是您今天别又躲开我。今天您得和理发师讨论新项目。

隋大　理发师提出的条件无法满足。

杨孙　请您告诉我，是什么样的条件。

隋大　（闪烁其词地）厂棚已经足够好了。

杨孙　是，对于那些在里面工作的下贱人已经足够好了，但是对于烟草还不够。它们会发潮的。开会之前我还要和米芝谈谈她的房子。我们要是有了她的房子，就可以把那些讨饭的、残废的和迟钝的赶出去。他们达不到要求。米芝喝茶时我摸了一把她滚圆的大腿，这下子房子只要我们一半的价格了。

隋大　（严厉地）这种事不允许发生。我希望，为了公司声望着想，而不是为你个人，你还是检点一点，按照商业行规办事。

杨孙　为什么您激动成这样子？是因为这一带让人不快的流言吗？

隋大　我才不管什么流言。

杨孙　那就是因为又要下雨了。一下雨您就这样火冒三丈，多愁善感。我想知道，为什么。

老王的声音　（从外面传来）

我是卖水人，
可是站雨中。
为了一点水，
我要跑断腿。

吆喝声声传，
无人来问津。
口不干来舌不燥，
喝水谁还花银钱。

杨孙 又是那个该死的卖水的。他又要开始煽风点火了。

老王的声音 （从外传来）这个城里再也没有好人了吗？连善良的沈蒂住过的地方也没有吗？她在哪儿？那个好姑娘，出于她的好心，几个月前在雨天也买了我一碗水？她现在在哪里？没人见到她吗？没人听到过她的消息？一天晚上她进了这所房子，然后就再也没出来！

杨孙 要我闭上他的臭嘴吗？她在什么地方关他什么事！我认为，您是为了不让我知道才不说。

老王 （进来）隋大先生，我再问您一次，沈蒂什么时候回来。自打她出门已经有六个月了。（隋大沉默）这六个月这儿发生了很多事，要是她在，就不会发生这些事儿了。（隋大仍然一语不发）这地方谣言四起，说沈蒂一定是遭遇了什么不测。我们作为她的朋友十分不安。您就行行好，把她的地址告诉大家伙吧。

隋大 王先生，可惜我现下没有时间。您下周再来吧。

老王 （激动地）还有一事也很奇怪，以前需要米的人每天早晨来领大米，一段时间以来，大米又在早晨立在门口。

隋大 这又怎么了？

老王　说明沈蒂根本就没有离开。

隋大　而是？（老王沉默不语）那我就告诉你我的回答。她走了。王先生，如果您是沈蒂的朋友，那就尽量少打听她的行踪。这是我的劝告。

老王　多好的建议啊！隋大先生，沈蒂在她失踪之前告诉我说，她怀孕了！

杨孙　什么？

隋大　（急切地）骗子！

老王　（严肃地对隋大说）隋大先生，您不要以为，沈蒂的朋友会停止打听她的消息。一个好人是不会被轻易忘记的。这样的好人不多了。（下）

〔隋大直盯盯地看着他，然后他很快进了小屋。

杨孙　（对着观众，像换了个人一般）沈蒂怀孕了！我高兴地快疯了！我被蒙在鼓里！她肯定马上把这个消息告诉了她的表兄，而这个坏蛋肯定立马打发她走人。“收拾你的包袱，在孩子的父亲听到风声之前立马消失！”这实在是太不正常，太没人性了。我有儿子了。一个杨家的孩子就要来到这个世界上了。出什么事了？这个姑娘失踪了，而我却被人困在这里做苦力！（他怒气冲天）用一顶帽子就想打发我！他用脚踩着帽子。罪犯！强盗！人贩子！听到室内有抽泣声。（他静静站着。）这不是有人在抽泣吗？是谁啊？（停住了）谁在内室哭呢？隋大这个大骗子才不会抽泣！那是谁呢？每天早上大米都被放在门前，这又说了什么？这个姑娘又回来了？只是他把她藏起来啦？要不然会是谁在里面哭呢？这可真是意外的收获！如果她怀孕了，我无论如何都要找到她！

〔隋大从内室出来了。他走到门边，向外面的雨中望去。

可是她在哪儿呢？

隋大 （举起手偷听）再等等！九点钟了。但是今天没听到什么消息。雨下得太大了。

杨孙 （嘲弄地）您想听到什么啊？

隋大 邮政飞机。

杨孙 别开玩笑了。

隋大 有次有人告诉我，说你想开飞机？您失去这个兴趣啦？

杨孙 如果您是指我现在的职位，我没什么好抱怨的。您知道的，我对夜班可没什么特别的偏好。邮政飞机是要上夜班的。工厂嘛，可以说是我的心头肉。工厂一如既往是我从前的未婚妻的，尽管她离开了此地。她真的走了吗？

隋大 为什么您要这样问？

杨孙 或许是因为她的事情在我心头还没有完全冷却下来。

隋大 这有可能会让我的表妹提起兴趣的。

杨孙　　我对她的事情很上心，所以不会闭着眼睛的，例如她的行动自由被剥夺了。

隋大　　被谁剥夺了？

杨孙　　就是你。（**停顿**）

隋大　　在这种情况下您意欲何为？

杨孙　　或许我首先会重新讨论一下我在厂里的地位。

隋大　　啊，这样啊。如果公司，也就是说我，为您安排一个合适的职位，那您就可以放弃进一步打听她的消息了？

杨孙　　或许吧。

隋大　　您想要公司什么职位？

杨孙　　主宰一切。比方说我在考虑将你踢出工厂。

隋大　　若是工厂不踢走我，而是你呢？

杨孙　　那我或许会回来。但是不是我一个人。

隋大　　而是？

杨孙　　和警察一道。

隋大　　和警察一道来。假设警察在这儿没搜到人呢？

杨孙　　那样的话估计他们会进内室搜上一搜！隋大先生，我对我心上人的思念是无法抑制的。我觉得我得做点什么，让她重新回到我的怀抱。（**安静地**）她怀孕了，身边需要有个人照顾。我得和卖水老王谈谈这事。（他走了。）

〔 隋大一动不动地望着他。然后很快进入内室。他把沈蒂用过的所有东西，床单，衣服，盥洗用具都拿出来。他久久地看着沈蒂的围巾，那是她从地毯商那儿买的。随后他把所有的东西打包成一捆，藏在桌子下，这时他听到喧嚷声。进来的是女房东和舒福先生。他们向隋大问了好，收起雨伞，脱下雨鞋。

女房东　入秋了，隋大先生。

舒福　真是一个让人伤感的时节！

女房东　您那魅力无比的代理人呢？那个可怕的妇女杀手！但是您可能不了解他的这一面吧。无论如何他懂得将他的魅力和生意上的责任相结合，这样您就只会从中收益了。

隋大　（鞠躬）请坐。

〔 人们坐定，开始吸烟。

我的朋友们，一件未曾预料的事件以及由此带来的后果，迫使我提前进行谈判，谈谈我最近提出的本企业的发展。舒福先生，我的工厂遇到了困难。

舒福　它一向如此。

隋大　但是现在警察局公开威胁，如果我不能证明正在进行新项目建设谈判的话，就要关闭它。舒福先生，事关我表妹唯一的财产，您对她一向是照拂有加。

舒福　　隋大先生，对您的扩大计划我没有兴趣去谈。我说的是和您表妹共进晚餐，您说遇到财政困难。我给您的表妹拨出房舍收留无家可归的人，您却在里面开了工厂。我开了支票给她，您兑现了它。您说我的房子太小，要十万大洋。先生，您的表妹在哪儿？

隋大　　舒福先生，请您淡定。今天我可以通知您，她很快就可以回来啦。

舒福　　很快？什么时候？我已经从你那儿听了好几周的“很快”了。

隋大　　我又没有要求您重新签字。我只是问问您，如果我的表妹回来了，您是不是要考虑一下我的新项目。

舒福　　我已经说了一千遍了，我打算，不再同您，而是同您的表妹谈谈。但是您似乎要从中作梗啊。

隋大　　再也不了。

舒福　　什么时候可以和您表妹谈？

隋大　　（不确定）三个月后吧。

舒福　　（生气地）那我三个月以后再签字。

隋大　　但是一切都要准备好啊。

舒福　　您尽可以把一切都准备好，隋大，只要您确定您的表妹真的回来。

隋大　　米芝太太，您能不能向警察证明，我能从你那里拿到厂房地皮？

女房东　若您可以把您代理人的位置转让给我，当然可以。好几个星期前您就得知了，这是我的条件。（对舒福先生）这个年轻人做生意很在行，我正需要一个经理呢。

隋大　您得明白，恰恰这时，面对这么多的困难和我最近不稳定的健康状况，我不能没有杨孙先生！原本我一开始就打算把它转让给您的，可是……

女房东　是啊，可是！（停顿）

隋大　好吧，明天他就专门去您的办公室跑一趟。

舒福　隋大，对于你做出这个决定，我深表赞同。假如沈蒂小姐真的回来了，那这个小伙子在这儿就很不合适了。我们知道，他对她曾有过很不幸的影响。

隋大　（躬了躬身）毫无疑问。在涉及到我的表妹和杨孙两人的问题上我得请你们见谅，我长久以来犹豫不决，这有失商人的身份。他们两个曾经走得很近。

舒福　我们原谅您。

隋大　（望了望门）朋友们，我们就这样定了。在这个曾经矮小简陋的小店里，过去这个地区的穷人们买善良的沈蒂香烟的地方，我们——沈蒂的朋友，决定，现在要开办12家旺铺，以后这些铺子里要出售沈蒂的好烟。人家对我说，人们都管我叫四川烟草大王。事实上，我纯粹是为了我表妹才经营这家工厂的。工厂属于她，属于她的孩子，属于孩子的孩子。

〔 外面传来人群的喧嚷声。杨孙，老王和警察进来。

警察　　隋大先生，很抱歉，这一带民怨沸腾，逼我来证实一下您工厂的人对您的告发。据告发内容，您剥夺了您的表妹沈蒂小姐的自由。

隋大　　这不是真的。

警察　　这儿的杨孙先生作证说，他在您办公室后面的内室里听到抽泣声，这哭声是可能是一个女人发出的。

女房东　　这真是可笑。我和舒福先生都是城里有头有脸的人物，我们的话警察没道理怀疑，我们作证，这儿没有人抽泣。我们只是在静静抽我们的烟。

警察　　可惜他们让我检查一下这个可疑的内室。

〔 隋大开了门。警察弯腰踏在门槛上。他们朝里面望望，然后转过身，微笑着。

这儿确实没人。

杨孙　　（从警察身边过去）但是刚才这儿确实发出哭泣声。（他的目光落在桌子上。桌子下面有隋大藏着的包袱。他跑过去。）这个东西刚才不在这儿。（他打开，把沈蒂的衣服什么的给大家看。）

老王　　这是沈蒂的东西！（他跑到门边朝外喊道）这儿发现了她的衣服！

警察　　（把东西拿到自己面前）您来解释一下，您说您的表妹外出了。

可是一个包着她的随身物品的包袱藏在您的桌下底下。哪里可以找到这个姑娘，隋大先生？

隋大　　我不知道她的地址。

警察　　这太遗憾了。

人群的喊声　　沈蒂的东西被找到了！——烟草大王把这个姑娘谋杀了，然后灭迹了。

警察　　隋大先生，我请您跟我去一趟局子。

隋大　　（对女房东和舒福先生鞠了一躬）诸位，这件丑闻我请你们原谅。但是四川还有法官在。我深信，一切不久就能真相大白。他在警察之前出了门。

老王　　发生了一桩可怕的罪行！

杨孙　　（惊愕地）刚才确实有人在那里哭啊！

过场

老王的住处

音乐响起。神明最后一次出现在卖水人的梦境里。他们改变了很多。漫长的云游痕迹，深深的疲倦和各种各样的遭遇都显而易见。一个头上的帽子被打掉了，另一个的腿在猎狐夹上夹了一下，三个人都是赤脚赶路。

老王 诸位终于现身了！神明们，在沈蒂的烟厂里发生了可怕的事情！沈蒂又一次出门了，已经好几个月了！表兄把什么东西都占尽了！今天他被逮捕了！据说他为了霸占她的店，竟然把她给谋杀了！但是我不信这些，因为我做了一个梦，她在梦里出现并告诉我说，她的表兄把她给关起来了。哦，神明们啊，你们得赶紧回来找到她。

神仙一 这太可怕了。我们的寻找全盘失败。我们找到为数不多的几个好人，当我们找到时，他们已经活得没有人样了。我们已经决定，就是沈蒂了。

神仙二 如果她还一直是个好人的话！

老王 她肯定是，但是她消失了！

神仙一 那一切都完了。

神仙二 镇定。

神仙一 为什么还要镇定？要是找不到她我们就要下台了！我们碰到的

画外音

我们的四川好人沈蒂再一次消失，一切似乎都在告知诸位『我们的世道里充满了贫穷、卑贱和堕落。好不容易找到的几个好人都已经活得不像人样。』唉，沈蒂啊，你究竟在哪里？只要你还在人世，还是好人，还在忍受着这个可怕的世界，一切都必将好转。

四
茶
公共碼

都是个什么世道啊？到处都是贫穷、卑贱和堕落！就连这风景也令我们失望不已。漂亮的树木被电线削去了脑袋，山的那一面我们看到的是滚滚浓烟，听到的是大炮的轰鸣，没有一个好人，还能坚持住的好人！

神仙三 哎，卖水人，我们的戒律似乎消亡了，我们在道德方面提出的教条恐怕都得一笔勾销啦。仅仅为了维持赤贫的生活，人们要做的已经够多了。善良的愿景将他们带到深渊的边缘，善良的行动则推他们下去。（对另外两名神仙）这个世界是没法住了，你们应该也看出来了！

神仙一 （激愤地）不，人不值一文。

神仙三 因为这个世界太冷酷！

神仙二 因为人类太软弱！

神仙一 打起精神，亲爱的，打起精神来！兄弟们，我们不该垂头丧气。我们到底还是找到了一个，她以前善良，现在也没有变坏，她只是失踪了。我们赶快找到她。一个就够了。我们不是说过吗？只要有一个人，还能忍受这世界，一切就会好转！

〔他们快速隐去。

第十场

法庭

分成几拨儿：舒福先生和女房东；杨孙和他母亲。老王，木匠，爷爷，年轻妓女，老夫妻俩。邢太太。警察。孕妇。

老头子　他太有权势了。

老王　他要开12家新店面。

木匠　如果理发师舒福和房东米芝要为他们的朋友说好话，法官怎会秉公断案呢？

孕妇　有人看到昨晚邢太太受隋大先生之托，把一只肥鹅送到法官的厨房。鹅的肥油都透过篮子滴下来了呢。

老婆婆　（对老王）我们可怜的沈蒂是再也找不到了。

老王　是啊，只有神明才能让真相大白于天下。

警察　肃静！开庭了。

〔三位神明穿着法官的衣服进场。在他们沿着前台走向座位时，人们听到他们在窃窃私语。

神仙三　要露馅了。证书伪造得太不专业了。

神仙二　法官突然胃里不舒服，人们对此会有些想法的。

画外音

神仙们都参与了这一场最终的审判。所有的人都聚在一起窃窃私语。什么？！沈蒂就是隋大，隋大就是沈蒂！要行善？还是要活着？世道艰难将人劈成了两半。不损人又利己，这种难题可怎么解得开？

每月一次的恶不会减损日日的行善。就这样罢。回到天上去！回到天上去！只要四川好人已经找到，神仙们就可以回到天上去！

神仙一　不会的，他吃了半只鹅，这很自然。

邢太太　是新法官呀！

老王　也是好法官！

〔神仙三走在最后，他听到老王的话，转过身冲他微微一笑。神仙们坐下。神仙一用锤子敲了一下桌子。警察把隋大带进来，人们对他吹着口哨，但是他泰然自若地进来。

警察　您不要吃惊。这位不是傅义诚法官。但是新法官们看上去也挺和善。

〔隋大瞥了众法官一眼，就瘫了下来。

年轻妓女　这是怎么了？烟草大王晕过去了。

孕妇　是啊，一见新法官就晕了！

老王　貌似他们认识似的！这我就不明白了。

神仙一　（开始审问）您是烟草商人隋大？

隋大　（无力地）是的。

神仙一　您被控告谋杀了您的亲表妹沈蒂小姐，从而侵吞了她的店面。您认罪吗？

隋大　不。

神仙一　（翻阅卷宗）我们先听听这个片区的警察说说被告和他表妹的人品。

警察　（向前一步）据说沈蒂小姐是个推己及人，乐善好施的姑娘。隋大先生恰恰相反，他原则性很强。有时候，姑娘的好心迫使他不得不采取一些非常手段。与姑娘不同的是，他始终以法律为准绳，诸位大人。他曾揭发，被他表妹毫无戒备收容来的人是小偷。还有一回，他在最后关头阻止他的表妹做伪证。在我眼里隋大先生是一个受人尊敬、遵纪守法的公民。

神仙一　还有谁要证明，被告不会犯下你们扣给他的那样的罪名吗？

〔舒福先生和女房东上前。

警察　（对众神明耳语道）这位是舒福先生，一位很有影响力的人物！

舒福　隋大先生在本城是个很有声望的生意人。他是商会的第二主席，在本区被推举为仲裁人。

老王　（插嘴喊道）是你们选出来的！是你们在和他做生意！

警察　（耳语）坏家伙！

女房东　作为救济会主席，我想告诉法官，隋大先生不仅准备为他工厂中的许多人提供最好的厂房，宽敞明亮，有益于健康，而且源源不断地为我们的残疾人收容所捐款。

警察　（耳语）这是米芝太太，傅义诚法官的一位密友！

神仙一　好，好，但是现在我们也该听听，是不是有人对被告颇有微词。

〔老王、木匠、老夫妻、失业者、孕妇和年轻妓女上前。

警察　你们这些本区的渣滓！

神仙一　那么，关于隋大的为人你们都知道些什么？

喊叫声　（乱七八糟地）他让我们破产了！——他勒索我！——他挑唆我们干坏事！——他压榨可怜人的血汗！——撒谎大王！——骗子！——杀人犯！

神仙一　被告，你有什么话要说？

隋大　诸位大人，除了拯救我表妹的生存，我什么也没做。我只在她面临失去店铺这个危险时才会出现。我来过三次。我从来都没想留下。最后一次因为种种关系我留了下来。这段时间我所得到的只有辛苦。有人爱上我的表妹，就由我来打点这些乌七八糟的事。就这样我遭人忌恨。

孕妇　你本来就是这样的人。诸位大人，看看我们的情况吧！（对隋大）我不想提那些麻袋的事情。

隋大　为什么不呢？为什么不提？

孕妇　（对诸神仙）沈蒂给我们一个遮风挡雨的地方，而他却让人把我们抓起来。

隋大　你们偷了糕饼！

孕妇　现在他装出一副似乎很关心干粮店师傅糕饼的样子！其实他是想把那家店据为己有！

隋大　我的烟草铺子不是收容所，你们这群自私自利的家伙！

孕妇　　但是我们无依无靠!

隋大　　可你们也太多了!

老王　　他们二位呢?他指指那对老夫妻。他们也自私吗?

老头子　　我们把省下的钱投在沈蒂的店里。为什么你要让我们的铺子倒闭啊?

隋大　　因为我的表妹要帮助一个飞行员去开飞机。我要筹出这笔钱!

老王　　她或许是这样想的,但是你想在北京找一个油水更多的职位。烟草店的收入满足不了您的胃口。

隋大　　铺子的租金太贵了!

邢太太　　这一点我可以证明。

隋大　　我的表妹对经商一窍不通。

邢太太　　这也是事实。此外她还爱上了那个飞行员。

隋大　　难道她不该恋爱吗?

老王　　当然可以!为什么您还要逼她去嫁给她不爱的人,就是这儿的理发师?

隋大　　她爱上的那个男人是个混蛋。

老王　　是那个吗?(他指着杨孙)

杨孙　　(跳起来)他是个流氓,可你为何还把他安排在你的办公室里!

隋大　　那是为了改造你!为了让你变好!

孕妇　　是为了让他变成监工吧!

老王　　他变好了,你不就把他卖给她了吗?(他指指女房东)这件事她到处都在宣扬。

隋大　　那是因为只有他摸了她的大腿,她才会给我房子。

女房东　　说谎!您不要再提我的房子了!我跟您没什么关系!你这个杀人犯!(她羞愧地急速退下。)

杨孙　　(确信无疑地)诸位大人,我得为他说句话!

孕妇　　你当然得说。你是他的雇员啊。

失业者　　他是最坏的工头,实在没有这样坏的。简直坏透了。

杨孙　　诸位大人,尽管被告劣迹斑斑,但他不是杀人犯,在他被捕前几分钟,我从商店后面的内室里还听到过沈蒂的声音!

神仙一　　(急切地)那么说她还活着?详细告诉我们,你都听到了些什么!

杨孙　　(得意地)哭泣声,大人,是哭泣声!

神仙三　　你听得出那是沈蒂的声音?

杨孙　　绝对是她!我怎么会听不出她的声音呢!

舒福　　是啊,你弄哭她的次数够多了!

杨孙　　可是我也让她幸福啊!之后他就(指向隋大)把她卖给了您。

隋大　　(对杨孙)因为你不爱她!

老王　不对，是因为你想要钱！

隋大　但是诸位大人请想，我要这笔钱干什么呢？（对杨孙）你要她牺牲所有的朋友，而理发师把他的房子他的钱都给了她，这些都被用来救济穷人。我不得不把她许给理发师，也是为了能让她行善。

老王　那么既然签了那张巨额支票，你怎么不让她做好事了呢？为什么你要把沈蒂的朋友们都送进蒸笼似的肮脏厂房里，烟草大王？

隋大　这都是为了孩子啊！

木匠　那么我的孩子呢？你对我的孩子都干了些什么？

〔隋大沉默了。

老王　现在你不出声了！神明们给了沈蒂一爿小店，作为善良的源泉。每次她都想行善时，每次你就来了，阻挠她做好事。

隋大　（失控地）因为若非如此，这个源泉就会干枯的，你这个笨蛋。

邢太太　是这样的，诸位大人！

老王　如果这口泉眼什么也流不出，那它还有什么用？

隋大　做好事就意味着破产！

老王　（粗暴地）但是作恶却意味着优越的生活，不是吗？你这个恶棍，你对善良的沈蒂做了什么？现在还有几个好人啊，神明们？但她是好人！那会儿我的手断了，她愿意为我作证。现在我来为她作证。她是好人，我作证。他举手起誓。

神仙三　你的手怎么了，卖水人？它硬邦邦的。

老王　（指着隋大）这件事他有责任，就是他！沈蒂要给我钱，让我去看医生，但是之后他就来了。他是她的死对头！

隋大　我是她唯一的朋友！

众人　她在哪儿？

隋大　走了。

老王　去哪儿了？

隋大　我不会说！

众人　但是她为什么要走？

隋大　（叫喊着）因为她若不走，你们就会撕碎她！

〔突然间静止下来。

隋大　（瘫陷在椅子里）我不能再这样了，我要把一切都解释清楚。如果在场人都出去，只有法官留下，我就坦白。

众人　他承认了！他坦白了！

神仙一　（用锤子敲打桌子）大家都退出去。

〔警察清场。

邢太太　（一边下场一边笑）这下大家都要大吃一惊了！

隋大　　他们都出去了？所有人？我不能再沉默下去。我认出你们了，神明们！

神仙二　　你把我们的四川好人弄到哪儿去了？

隋大　　那就让我承认这可怕的事实吧，我就是你们的好人！

〔他取下面具，脱下衣服，变成沈蒂。

神仙二　　沈蒂！

沈蒂　　是的，我就是沈蒂。隋大和沈蒂，两个都是我。
过去你们有命令
要行善，可是还要活着，
这像闪电把我劈成两半。
我不知道怎样才能做到：
对别人要好，对自己也要好。
我不能同时做到，
助人又助已，
这对我是个难题。
啊，这世道真是艰难！太多的灾难，太多绝望！
给穷苦人伸出的手，会被他们扯断！
谁帮助破产的人，自己就会破产！
如果有人因为没肉吃而死，谁能永远保证不去变坏？
万事万物，我该索取什么？
只有从我自身索取！但是这样我也完蛋！

画外音

啊，这世道真是艰难！太多的灾难，太多绝望！
给穷苦人伸出的手，会被他们扯断！
谁帮助破产的人，自己就会破产！
如果有人因为没肉吃而死，谁能永远保证不去变坏？
万事万物，我该索取什么？
只有从我自身索取！但是这样我也完蛋！
行善的愿望压得我无处容身。
然而只要我稍行不义，便能有权有势，生活滋润！
一定是这世道出了什么问题。为什么坏人被褒奖，
为什么等待好人的却是严厉的惩处？

行善的愿望压得我无处容身。
然而只要我稍行不义，便能有权有势，生活滋润！
一定是这世道出了什么问题。为什么坏人被褒奖，
为什么等待好人的却是严厉的惩处？
啊，在我内心也有欲望去放纵自己！
那时我也有秘密的诀窍，因为我的奶娘用污水为我洗身！
由此我有一双犀利的眼睛。同情让我如此痛苦，
以至于我一见到苦难就陷入狼一般的愤怒中，
之后我就觉得自己身体变形，嘴巴变成兽嘴。
好话听在耳朵里味同嚼蜡。
可是我还是愿意做城郊天使。
馈赠是我的快乐。
我满面笑容，如在云端。
惩罚我吧：惩罚我犯下的一切罪责。
我做这一切，只为救助我的邻人，
只为去爱我的爱人，
只为让我的小儿子免受饥寒。
对于你们伟大的计划，神明们，
我这个可怜的人实在是太渺小。

神仙一　（满是惊恐的表情）别再说了，不幸的人儿！重新找到您，我们还想什么呢，这太高兴了！

沈蒂　但是我必须告诉你们，我是个坏人，刚才这里所讲的一切坏

事都是我做的。

神仙一 你是好人，人们只是在传颂你的好！

沈蒂 不，坏人也是我！

神仙一 一个误会而已！几桩不幸的事儿！几个没心肝的邻居！一些过于热心的人！

神仙二 但是她要怎样继续她的生活呢？

神仙一 她能活下去！她是个强者，模样儿好看，还能经得住考验。

神仙二 但是你没听到她说的吗？

神仙一 （激烈地）糊涂了，太糊涂了！不可思议，太不可思议了！难道我们要承认我们的戒律消亡了吗？难道我们要放弃我们的戒律？（固执地）坚决不！这个世界要被改变吗？怎样改变？谁来改变？不，一切都正常。（他快速用锤子在桌子上敲打起来。）

现在——

〔根据他的示意音乐声响起。一阵玫瑰色的亮光升起。

让我们回去吧。
这小小的世界将我们束缚得太紧。
你们的欢乐与忧伤，让我们喜悦，让我们痛苦。
但是我们会在天上想你，
沈蒂，你是个好人。
你在下界用我们的精神繁衍，

在寒冷的黑夜里擎着小灯一盏。

再见了，请多保重！

〔在他的指示之下天顶打开。一朵玫瑰色的云朵缓缓降下。神明们踏着云彩缓缓上升。

沈蒂　哦，不要走，神明们！不要离开我！不要丢下我！我要怎样面对破产的老夫妻，怎样面对挂着僵硬手臂的卖水老王？我该怎样面对不爱的理发师和我爱的杨孙？我已经怀有身孕，不久我的孩儿就要降生，他需要抚养啊！我不能待在这里了！

〔她急忙向门口望去，她的冤家们进了门。

神仙一　你可以做到！只要做个好人，一切都会好起来的！

〔证人们进来了。他们惊奇地望着法官踏着祥云冉冉而升。

老王　快行礼吧！神仙下凡了！三位最高的神明到四川来找一位好人。他们已经找到了一位，但是……

神仙一　不要但是，她就是！

众人　沈蒂！

神仙一　她没有死，她只是藏了起来。她会和你们待在一起，她是个好人！

沈蒂　可是我需要表兄！

神仙一　不要太依赖他！

沈蒂　至少每周一次！

神仙一　　每月一次，这就够了！

沈蒂　　哦，神明们，你们不要走！我还没有说完呢！我迫切地需要你们啊！

三位神仙　　（唱道）

神明们在云中消失（三重唱）
可惜我们不能停留
顶多不能超过一个钟头：
长久端详，细细描述，
这美好的发现就会消失。
在这金色的亮光里，
你们的身躯投下阴影，
因此你们应该让我们，
返回到我们的虚无之中。

沈蒂　　救救我！

神明们　　算了，寻找已经结束
我们要尽快回到天上！
赞美吧，赞美吧，
赞美这四川好人！

〔沈蒂绝望地向他们张开双臂，众神明在高空微笑挥手，渐渐消失。

画外音

咳，看官们！整个故事已经结束，可是对于答案的追寻才刚刚开始！设身处地地想一想吧，怎样才能让好人们善人善终，不再哀戚无告，流血而不止！

谢幕词

〔一个演员走到幕前，面向观众，满怀歉意，朗诵下面这段谢幕词。

尊敬的观众，现在请不要抱怨：
我们知道，这不是真正的收场。
浮现在我们眼前的是这个金色的传奇。
诉诸笔下，结局却是如此苦涩。

我们自己也很失望，震惊地看到：
幕布拉上了，所有的问题才开始显露。
我们原指望让你们，
在这里像在家一样舒适地享受。

可惜我们不能把事情隐瞒：
诸位如果不多多包涵，我们就要破产！
或许出于巨大的恐惧，我们的表演一无是处。
这已经发生。该要如何解决？
我们找不到办法，给钱也是枉然。
应当是另外一个人？或者另外的世界？
或者只要不同的神明？或者根本没有他们？
我们被彻底击垮，这不是装模作样！

唯一的出路得从困顿中寻：
请设身处地去想一想，
怎样才能帮助好人，
让他们善人善终。
尊敬的观众，去吧，自己去寻找结论！
这结论一定美好，一定，一定，一定！

思古之幽情

画外音

她曾是烟花场上的风流女子，如今做起了艰难的小买卖。她节衣缩食，接济乡民，勉强度日。

啷！啷！啷！

这就是我们的好人沈蒂。怎可忍心让千千万万和她一样的好人，从绵羊变成饿狼，从天使变成魔鬼？

啷！啷！啷！

图书在版编目（CIP）数据

四川好人 / (德) 布莱希特 (Brecht,B.) 著 ；杨舒蕙绘 ；汪春花，王正浩译. -- 北京 ：光明日报出版社,2013.12
（德语经典文学手绘插画本）
ISBN 978-7-5112-5541-9

Ⅰ. ①四… Ⅱ. ①布… ②杨… ③汪… ④王… Ⅲ.①剧本—德国—现代 Ⅳ. ①I516.35

中国版本图书馆 CIP 数据核字(2013)第 263207 号

四川好人

著　　者：【德】贝尔托·布莱希特
译　　者：王正浩 汪春花　　绘　　者：杨舒蕙
责任编辑：章小可　　责任校对：刘成聪
封面设计：杨舒蕙　　责任印制：曹　净
出版发行：光明日报出版社
地　　址：北京市东城区珠市口东大街 5 号，100062
电　　话：010-67078242（咨询），67078870（发行），67078235（邮购）
传　　真：010-67078227，67078255
网　　址：http://book.gmw.cn
E - mail：gmcbs@gmw.cn
法律顾问：北京天驰洪范律师事务所徐波律师
印　　刷：北京盛源印刷有限公司
装　　订：北京盛源印刷有限公司
本书如有破损、缺页、装订错误，请与本社联系调换
开　　本：690×975　1/16
字　　数：131 千字　　印　　张：13.25
版　　次：2013 年 12 月第 1 版　　印　　次：2013 年 12 月第 1 次印刷
书　　号：ISBN 978-7-5112-5541-9
定　　价：34.00 元